Die Berg-Maria, oder

Wer nur den lieben Gott läßt walten.; Eine Geschichtliche Erzählung aus Pennsylvanien.

L. A. Wollenweber

Alpha Editions

This edition published in 2022

ISBN : 9789356781412

Design and Setting By
Alpha Editions
www.alphaedis.com
Email - info@alphaedis.com

Contents

Erstes Kapitel.

Wo Maria geboren. — Ihre Eltern. — Die Auswanderung nach Pennsylvanien. — Schreckliche Erlebnisse auf dem Weltmeere.

Wenn man jetzt mit dem Eisenbahnzuge thalwärts Stuttgart, die Hauptstadt des Würtemberger Landes, verläßt, erreicht man in wenigen Minuten an der ersten Station das schöne, an einem Abhange gelegene Dörfchen Feuerbach, dessen Name schon in den ältesten Geschichten des Schwabenlandes genannt wird. Hier wurde in der zweiten Hälfte des vorigen Jahrhunderts unsere Berg-Maria geboren; der Name ihrer Eltern war Jakob und Maria Jung, bemittelte Bauersleute, die ihren drei Kindern Jakob, Johann und Maria, so weit es in jener Zeit möglich war, eine gute christliche Erziehung geben ließen.

Schlechte Ernten, hohe Steuern, die den Bauern damals von den verschwenderischen Herzögen von Würtemberg auferlegt wurden, machten den Vater unserer Maria muthlos, und er sah ein, daß er, trotz allem Fleiß und Sparsamkeit, mit jedem Jahre ärmer wurde, worauf er beschloß sein Gütchen zu verkaufen und nach Amerika auszuwandern, so wehe es ihm auch that, seine schöne Heimath zu verlassen, wo seine Eltern und Ureltern sich redlich ernährt, und in kühler Erde auf dem schöngelegenen Gottesacker ruhten. Doch, von Amerika kam ja ein so schöner Ruf, der Tausende bestimmte, das deutsche Vaterland zu verlassen, so dachte auch Vater Jung, daß auch er mit Fleiß und Beharrlichkeit sich dort eine neue Heimath gründen könne und seinen Kindern eine bessere Zukunft bereiten, wie dieses in Heimbach möglich sei.

Bald fand er auch einen Käufer für sein Gütchen und Weinberg und rüstete sich für die weite, damals noch beschwerliche und gefährliche Reise, und verließ bald mit Frau und Kindern wehmüthig seine Heimath.

Nach einer wochenlangen Reise erreichte die Familie die Seestadt Amsterdam in Holland, von wo aus damals viele Schiffe nach der Stadt Philadelphia in Amerika abgingen, und wo sie hofften bald eine passende Reisegelegenheit zu finden. In jener Zeit hatten sich gar viele Europamüde in Amsterdam eingefunden, und jedes Schiff, das von dort nach Amerika ging, war mit Auswanderern überfüllt, die wie Schaafe zusammen gedrängt und noch dazu auf das Schlechteste beköstigt wurden, wodurch denn auch nach kurzer Reise schon bösartige Krankheiten unter den Passagieren entstanden und der Tod reiche Ernten hielt.

Auch die Familie Jung kam, nachdem sie mehrere Wochen auf eine Schiffsgelegenheit gewartet, auf ein solches Schiff, welches außer den großen Unbequemlichkeiten auch einen gewissenlosen Capitän und eine gar rohe Mannschaft hatte. So kam es denn auch, als die Auswanderer kaum zwei Wochen auf hoher See waren, eine pestartige Krankheit auf dem Schiff ausbrach und der Tod viele, ja sehr viele Opfer forderte. Kaum war das Leben der Armen aus dem Körper gewichen, so kamen auch schon die rohen Matrosen und warfen den Todten mit wahrer Lust in die Tiefe des Meeres.

Unbeschreibliche Noth und Schrecken herrschten auf dem Schiffe und das Jammern war Tag und Nacht herzzerreißend. — Auch die Eltern und Brüder unserer Maria wurden von der Pest weggerafft und noch an demselben Tage in die Fluthen des Meeres versenkt. Einsam, trost- und hoffnungslos, mit rothgeweinten Augen, saß das arme Mädchen auf dem Lager, wo der Tod ihre Lieben heimgesucht hatte. Nachdem der große Schmerz etwas nachgelassen und Maria wieder einige Ruhe in ihr Herz bekommen, nahm sie das Gebetbuch ihrer Mutter und suchte Trost darin, sie betete sehr andächtig zu dem allmächtigen Schöpfer des Himmels und der Erde, und bald wurde es ihr auch leichter. Trost und Hoffnung kam wieder in ihre Seele und ruhiger wurde es in ihrem Gemüthe.

So saß sie eines Tages traurig auf dem Verdeck des Schiffes und blickte hinaus in die Wellen die ihre Lieben begraben, und Thränen füllten die Augen; da nahte sich ihr ein junger, wohlgekleideter Mann mit aufrichtigem Gesicht, bot ihr freundlich einen guten Tag und versuchte sie zu trösten. Da das Mädchen den Gruß und die Trostworte freundlich aufnahm, so bot er der Verlassenen auch seinen Schutz an, den sie mit Dank annahm.

Theodor Benz, so hieß der junge Mann, war in einem Dörfchen bei der Stadt Lahr in Baden geboren, wo sein Vater Ackerbau betrieb, sich aber leider nur kümmerlich ernähren konnte, denn er war reichlich mit Kindern gesegnet. Als Theodor, der zweitälteste Sohn in der Familie, erwachsen war und einsah, daß er seinen Eltern wenig nützen konnte, nahm er sich vor, nach Amsterdam zu gehen, wo Agenten aus Amerika sich aufhielten, welche kräftige junge Männer für den Ackerbau suchten und freie Ueberfahrt versprachen, die aber von den Leuten in Amerika wieder abverdient werden müßte.

Mit Bewilligung und dem Segen seiner Eltern trat er die Reise nach Amsterdam an. Wie erwähnt, seine Eltern waren arm und konnten dem jungen Manne nur wenig Geld zur weiten Reise mitgeben, doch Theodor war zufrieden, er hatte ja der Eltern Segen und an dem war ihm am meisten gelegen; er war religiös erzogen, ehrte, wie ein braves Kind es thun muß, seine lieben Eltern und Geschwister, und somit dachte er sich reich.

Nach einem zweiwöchentlichen Marsche, ein Ränzchen auf dem Rücken, einen derben Stock in der Hand, aber ganz mittellos, erreichte er die Seestadt Amsterdam, wo er glücklich bald einen amerikanischen Agenten fand, der ihn, nachdem er sich verpflichtet, für die Kosten der Ueberfahrt, dem Aufenthalt in Amsterdam, Farmarbeiten in Amerika zu verrichten, aufnahm. Auf diese Weise wurden in jener Zeit viele Personen beiderlei Geschlechts, sogar Kinder, nach Amerika befördert, wo ihnen leider, nicht allein auf dem Schiffe, sondern auch bei ihrer Ankunft in Amerika, besonders in Philadelphia, ein trauriges Loos zufiel. Hören wir, was ein gewisser Gottlieb Miltenberger, der im Jahre 1750 von Würtemberg nach Philadelphia kam, darüber sagt:

„Der Menschenhandel auf dem Schiffsmarkt geschieht also: Alle Tage kommen Engländer, Holländer und hochdeutsche Leute aus der Stadt Philadelphia und sonst aller Orten, zum Theil sehr weit her, und gehen auf das angekommene Schiff, welches Menschen von Europa gebracht, feil hat und suchen sich unter den gesunden Personen, die zu ihrem Geschäfte passen, heraus und handeln mit denselben, wie lange sie für ihre, auf sie haftende Seefracht, welche sie gemeiniglich noch ganz schuldig sind, dienen wollen. Wenn man dann des Handels eins geworden, so geschieht es, daß erwachsene Personen für diese Summe, nach Beschaffenheit ihrer Stärke und Alter, drei, fünf bis sechs Jahre zu dienen sich verbinden. Die ganz jungen Leute aber von 10 bis 15 Jahren müssen dienen bis sie 21 Jahre alt sind. Viele Eltern müssen ihre Kinder selbst verhandeln und verkaufen wie das Vieh, damit sie, wenn die Kinder ihre Frachten auf sich nehmen, vom Schiffe frei und los werden können. Da nun die Eltern oft nicht wissen, wohin ihre Kinder kommen, so geschieht es oft, daß nach dem Abscheiden vom Schiffe manche Eltern und Kinder viele Jahre oder gar Lebenslang einander nicht wieder sehen. Ein Mann muß für sein Weib, wenn sie krank hinein kommt und so ein Weib für ihren Mann stehen und die Fracht auf sich nehmen, und also nicht allein für sich, sondern auch für den Kranken fünf bis sechs Jahre dienen.“[1]

Kehren wir nun wieder zu unserer Erzählung zurück. Durch das öftere Zusammensein der beiden jungen Leute Theodor und Maria fanden sich bald ihre Herzen, und treue und aufrichtige Liebe fesselte die jungen Leute. Sie schwuren, sich nie zu verlassen in Freud und Leid, und baten in inständigem Gebet den allmächtigen Gott, daß er sie stets beschützen möge. Eines Tages aber, als man das Festland sehen konnte und Alles auf dem Schiffe in froher

Stimmung war, trat Benz traurig und niedergeschlagen zu Maria und sagte mit bebender Stimme: Meine liebe Maria, nur noch einige Tage und wir müssen eine zeitlang von einander scheiden, denn sobald das Schiff vor Philadelphia Anker wirft, wirst du frei ans Land gehn können, ich aber darf das Schiff nicht eher verlassen, bis sich Jemand findet, der meine Fracht bezahlt und dem ich dann mehrere Jahre dienen muß. Ich bin ein „Verdungener."

Theodor erwartete nun, daß Maria, von deren wahrer Liebe zu ihm er überzeugt war, erschrecken werde, aber diese sprang freudig auf, reichte ihm die Hand und sprach: „Gott dem lieben Gott sei Dank, daß ich dir helfen kann, ich, ich will dich loskaufen, wie viel bist du schuldig?" „150 holländische Gulden," erwiederte Theodor. „Gut denn," nahm das gute Mädchen wieder das Wort; „durch den Tod der lieben Meinigen ist mir von ihrer Hinterlassenschaft ein gutes Sümmchen zugekommen, das ich sorgfältig aufbewahrt habe, komm mit mir hinab, du sollst augenblicklich die erwähnte Summe haben." Mit unaussprechlichem Dankgefühl drückte Theodor seiner Maria die Hand.

[1] Den obigen Bericht haben wir Herrn Professor Seidensticker in Philadelphia zu verdanken, der ihn in alten Dokumenten fand. Der Verfasser dieser Erzählung hat auch mehrere Deutsche gekannt, welche die Ueberfahrt abverdienen mußten. Im Jahre 1818 hat der Congreß den Menschenhandel aufgehoben.

Zweites Kapitel.

Ankunft in Philadelphia. — Der brave Pastor Mühlenberg. — Frau Kreuderin zum goldenen Schwan. — Der Bauer aus Oley. — Schwerer Abschied.

Endlich hatte das Schiff nach einer Fahrt von 92 Tagen die Stadt Philadelphia erreicht, und kaum seine Anker am Fuße der Highstraße (jetzt Marktstraße) geworfen, so fanden sich auch schon mehrere Personen auf demselben ein, um Arbeiter zu suchen und den erwähnten Menschenhandel zu treiben. Maria, deren Vater in Amsterdam die Schiffsfracht für seine ganze Familie bezahlt hatte, konnte ungehindert ans Land gehen, und Benz beeilte sich den Capitän zu bezahlen, damit er Maria begleiten könne. — Als der junge Mann in die Cajüte getreten war, dem Capitän bemerkt, daß er seine Schiffsschuld bezahlen wolle und 150 Gulden auf den Tisch legte, gerieth dieser Mensch in eine große Wuth, hieß ihn einen Betrüger, der schon in Amsterdam das Geld gehabt, Armuth geheuchelt und sich als *Serve* habe eintragen lassen. Solchen Schwindel lasse er sich nicht gefallen, und wenn er ihm nicht ein Pfund Sterling mehr bezahle, so wolle er dafür sorgen, daß er nicht vom Schiffe komme, bis sich ein Kaufmann für ihn gefunden. Eingeschüchtert durch den so rohen Seemann, nahm Theodor Benz wieder das Geld von dem Tische und eilte auf das Deck, um seiner Maria die traurige Kundschaft zu bringen. Bald hatte er das Mädchen gefunden, welche zum Abgang gerüstet war, und sich mit einem Herrn in geistlicher Tracht eifrig unterhielt. Als sie ihren lieben Freund mit blassem Gesichte und großer Niedergeschlagenheit auf sich zukommen sah, eilte sie schnell demselben einige Schritte entgegen und frug ängstlich was ihm begegnet sei. Er erzählte mit kurzen Worten wie ihn der Capitän behandelt und was er von ihm jetzt noch verlange. Lächelnd zog Maria ihre Geldbörse und wollte ihrem Freund das verlangte Geld reichen, als plötzlich der Herr im Priestergewande, der die Klage des jungen Mannes vernommen, die Hand, die das Geld reichen wollte, zurückwies, und den jungen Mann bat, die 150 Gulden mitzunehmen und ihm in die Cajüte zu folgen.

Die freundlichen Worte des so achtbar aussehenden Mannes bestimmten Theodor, dem Verlangen desselben zu folgen, und als beide in die Cajüte eingetreten waren, ersuchte der Geistliche den jungen Mann die 150 Gulden wieder auf den Tisch zu legen, und frug dann den Capitän in ruhigem aber festem Tone, ob er das Geld dort auf dem Tische, welches die Frachtschuld des Anwesenden betrage, nehmen wolle oder nicht.

Als der Capitän die festen Worte vernommen und in dem Sprecher einen in Philadelphia hochstehenden Prediger erkannte, röthete sich sein Gesicht mit

Zornesgluth, doch ohne weiteres zu bemerken, strich er ruhig das Geld ein, und gab Benz den in Amsterdam abgefaßten Contrakt zurück, worauf sich die beiden Männer ohne weitere Bemerkungen entfernten.

F. S. **Berg Maria.**

Nachdem die jungen Leute dem ehrwürdigen Herrn herzlich gedankt, rief derselbe einen Mann herbei und befahl ihm diese beiden Leute mit ihren Sachen in das Gasthaus der Frau Kreuderin zu bringen, die in der Sassafraßstraße (jetzt Racestraße) das Hotel zum goldenen Schwan hielt, und der guten Frau zu sagen, daß er ihr diese beiden jungen Leute zusende. Zu Theodor und Maria gewandt, sagte er, zieht hin, seid fleißig und ehrbar, der Herr sei mit euch. Nach diesen Worten begab er sich unter die übrigen Einwanderer.

Dieser brave Geistliche war kein anderer, als der in jener Zeit so hochgeachtete deutsch-lutherische Pastor

Heinrich Melchior Mühlenberg,

der sich in jenen so trüben Tagen der armen Einwanderer mit großer Selbstausopferung so liebreich annahm. Nichts konnte ihn abhalten, wenn ein Einwanderer-Schiff bei Philadelphia Anker warf, auf dasselbe zu eilen, gleichviel ob auch auf demselben bösartige Krankheiten herrschten. Er brachte den Armen, Kranken und Elenden Trost und Hülfe. Er war ein treuer Befolger der Lehre des Weltheilandes, und wird sein Andenken geehrt werden bis in die spätesten Zeiten. Mit dankbarem Herzen blickten Theodor und Maria dem guten Manne nach, und verließen das Schiff, auf dem sie so viel Noth und Elend erlebt, und dankten im Stillen dem lieben Gott, daß er sie von demselben befreit.

Bald hatten sie das Hotel der Frau Kreuderin erreicht und wurden von derselben auf das Freundlichste empfangen. Frau Kreuderin war eine sehr ehrsame und fromme Wittwe, die sich, nachdem ihr Mann am gelben Fieber gestorben, welche Krankheit der Zeit oft in Philadelphia herrschte, mühsam durchbringen mußte, war stets wohlgemuth und thätig, und obgleich ihre Mittel auch beschränkt, so half sie doch in freundlicher Weise den bedürftigen Einwanderern, welche ihr zugesandt wurden, und gar Mancher wurde von ihr gespeist und beherbergt, ohne dafür entschädigt zu werden.

Als Theodor und Maria, welche mit Empfehlungen des ehrwürdigen Pastors Mühlenberg in ihrem Hause aufgenommen waren, sich sehr anständig betrugen, und Maria ihr trauriges Schicksal erzählt hatte, so fühlte sie sich zu ihnen in wunderbarer Weise hingezogen. Sie küßte Maria, und mit Thränen in den Augen sagte das gute Mütterlein: Tröste dich, liebes Kind, du sollst an mir, wenn du brav bist, eine zweite Mutter finden. Vorerst bleibst du bei mir, du kannst in der Küche und Stube helfen, bis ich einen anständigen Platz für dich gefunden habe, und für den da, sie reichte Theodor freundlich die Hand, werde ich bald einen Platz bei einem Bauern finden, denn da ist er in seinem Element, und ist er fleißig und ehrlich, wird er bald in unserm gesegneten Pennsylvanien ein selbstständiger Bauer sein.

Nicht lange sollten Theodor und Maria unter einem Dache bleiben, denn schon am dritten Tage nach ihrer Ankunft im goldenen Schwan kam ein wohlhabender deutscher Bauer aus Oley, einer fruchtbaren Landschaft in dem jetzigen Berks County gelegen, in das Gasthaus der Frau Kreuderin, wo er immer einkehrte, wenn er nach Philadelpia kam, denn bei der ehrbaren Frau war er stets gut aufgenommen. Nachdem sich die alten Freunde herzlich begrüßt, sagte er, er sei gekommen, um einen jungen deutschen Bauern zu suchen, der sich bei ihm gegen guten Lohn und Behandlung verdingen wolle. Er verspreche auch, wenn er ihm drei bis vier Jahre treulich diene, zu einem schönen Stück Land zu verhelfen, auf welchem er sich dann häuslich niederlassen könne. Freudig überrascht, reichte die gute Kreuderin, welche den Bauern als einen sehr ehrbaren Mann kannte, die Hand und sagte: Meister Friedrich Leinbach, so hieß der Bauer, ihr braucht nicht weit zu laufen, um den rechten Mann zu finden, ich habe ihn im Hause, doch ehe ich ihn euch zuführe, müßt ihr mir fest versprechen, daß ihr den jungen Mann gut behandelt und ihr könnt euch dann darauf verlassen, daß er fleißig ist und euch gute Dienste leisten wird, er ist ein Bauerssohn und scheint mir ein gar williger und gutmüthiger Mensch zu sein, der sich vor keiner Arbeit fürchtet.

Danke! danke! rief Leinbach, ich gebe euch, Frau Kreuderin, das Versprechen, daß der junge Mann bei mir und bei meiner Familie gut aufgehoben sein soll. Schnell eilte die gute Frau hinaus und kam bald mit Theodor zurück, und stellte den schön gewachsenen und kräftigen jungen Mann dem Bauern vor, welcher über die schöne Gestalt überrascht war, dem jungen Manne freundlich die Hand reichte und erklärte, daß er hierher gekommen sei, um einen Knecht für seine Bauerei zu suchen; er habe eine schöne, große Bauerei in Oley, mit leichtem, gutem Boden, wo die Arbeit nicht so schwer sei, als bei andern Farmen, und wenn er den Dienst annehmen wolle und drei Jahre bei ihm bleiben, seine Pflicht treulich erfüllen, so wolle er ihm für das erste Jahr 15 Pfund Sterling nebst Kleidung und guter Kost geben und gut behandeln. Mutter Kreuderin habe ihm ein gar gutes Zeugniß von ihm gegeben, und wenn er mit den Bedingungen zufrieden sei, so solle er ihm dies jetzt sagen, ob er die Stelle annehmen wolle. — Gewiß! rief der junge Mann, und reichte dem so gutmüthig aussehenden Bauern die Hand, ich will euch treulich dienen nach meinen besten Kräften und hoffe, daß wir es beide niemals bereuen werden, einander gefunden zu haben. Zu den ihm gestellten Bedingungen müsse er aber noch hinzufügen, daß es ihm erlaubt werde, wenn die Arbeiten auf der Farm nicht so dringend seien, jedes Jahr einmal nach Philadelphia gehen zu dürfen, doch sollte die Abwesenheit nicht über drei Tage dauern. Gern willigte Leinbach auch in diese Bedingung, zog seine Börse und gab dem jungen Manne, wie es damals der Gebrauch war, ein Handgeld, und erklärte, daß er morgen in der Frühe sein Wäglein mitnehmen werde, er solle recht früh bei der Hand sein, denn die Wege an manchen Stellen in der Wildniß, die sie durchfahren müßten, seien noch rau, und, wenn ihnen kein Unglück zustoße, könnten sie in zwei Tagen seine Heimath erreichen.

Da die Zeit zum Mittagessen herangekommen war, so lud Mutter Kreuderin Leinbach ein, ihr Gast zu sein, was dieser auch nicht ausschlug, doch sogleich in den Hof eilte, und aus seinem Wagen zwei Welschhühner, einen Sack mit Aepfeln, eine Kanne mit Butter nahm und in die ihm bekannte Küche trug, wo er die daselbst beschäftigte, einfach doch reinlich gekleidete, Maria sah, die seine ganze Aufmerksamkeit erregte.

Bald saß man in heiterer Stimmung an der Mittagstafel, wobei Maria nicht fehlen durfte, und als der Bauer das saubere, flinke Mädchen beim Aufwarten beobachtet hatte, meinte er, zu der Wirthin gewandt, wenn Maria wolle, so würde er auch sie mit auf die Farm nehmen, die seinen beiden Töchtern von neun und zwölf Jahren gewiß nützlich wäre und er wolle ihren Dienst gut belohnen; aber Frau Kreuderin fiel ihm sogleich ins Wort und sagte, daß dieses unmöglich sei, denn Maria müsse noch eine zeitlang bei ihr verweilen, denn sie passe jetzt nicht, da sie so viel Unglück erlebt, auf eine einsame Bauerei. Begnügt euch jetzt, Meister Leinbach, fuhr sie ruhig fort, mit dem jungen Manne, und gefällt es ihm bei euch, so kann es auch noch geschehen, daß Maria zu euch kommt. Der Bauer verstand den Wink und schwieg.

Daß der Abschied zwischen Maria und Theodor kein leichter war, kann man sich wohl denken, denn die beiden jungen Leute liebten sich aufrichtig und von ganzem Herzen. Theodor versprach seiner Maria, die beinahe untröstlich war, daß er bei jeder Gelegenheit durch Bauern, welche von Oley nach Philadelphia kämen, einen Brief senden werde und sie sollte dieselbe Gelegenheit benutzen, ihm zu antworten, denn an eine Postverbindung in das Innere von Pennsylvanien war damals nicht zu denken. Nach der Erntezeit wolle er aber selbst kommen, wo sie sich dann mündlich ihre Erlebnisse mittheilen könnten und sich über die Zukunft berathen. Mit Thränen in den Augen und mit schwerem Herzen schieden die beiden jungen Leute, in der frohen Hoffnung, sich bald wieder zu sehen.

Am nächsten Morgen, als der Tag kaum graute, rollte Leinbach's Wäglein aus dem Hofe des Gasthauses zum Goldenen Schwan und fuhr vor das Haus, wo Theodor mit seiner wenigen Habseligkeit schon bereit stand, neben ihm die gute Mutter Kreuderin, von welcher er jetzt herzlichen Abschied nahm. Darauf stieg er auf den Wagen auf welchem Leinbach bereits saß und die Zügel hielt, und nun rasch fort ging's aus der Stadt der Bruderliebe, der neuen Heimath Oley zu.

Die Reise von Philadelphia, ohngefähr 60 Meilen, dauerte in jener Zeit mit einem Fuhrwerk volle zwei Tage, das heißt, wenn demselben auf dem rauhen Wege kein Unglück zustieß, oder sonstiger Aufenthalt vorkam, denn man hatte nicht allein mit schlechten Wegen, sondern auch oft mit wilden Thieren und den noch gefährlicheren herumstreifenden Indianern zu kämpfen.

Unsere Reisenden hatten glücklicher Weise keinen Unfall, noch kamen ihnen wilde Thiere und Indianer zu Gesicht, und erreichten am Abend des zweiten Tages glücklich Leinbach's Farm, wo sie von der Familie, sowie von einigen benachbarten Bauern freundlichst empfangen wurden, so daß sich Theodor schon in der ersten Stunde heimisch fühlte und sich's fest vornahm, durch

Fleiß und gutes Betragen sich die Liebe und Achtung seiner neuen Lebensgefährten zu erwerben und zu erhalten.

Als er in sein sauberes Kämmerlein geführt war, um sich zur Ruhe zu begeben, senkte er sich vor seinem Bette auf die Knie, dankte seinem ewig guten Schöpfer für alles Gute, was er an ihm gethan, bat auch, wie es jedes gute Kind thun sollte, den lieben Gott, daß er seine lieben Eltern und Geschwister in der alten Welt beschützen wolle, sowie Alle die ihm Gutes gethan. Ermüdet stieg er in sein Bett und war bald in tiefen Schlaf versunken, bis ihn die ersten Strahlen der aufgehenden Sonne weckten.

Drittes Kapitel.

Die Pfarrers-Familie in Philadelphia und die Bauern-Familie in Oley.

Wir haben einen Gott und Herrn,

Sind eines Leibes Glieder;

Drum diene deinem Nächsten gern,

Denn wir sind alle Brüder,

Gott schuf die Welt nicht blos für mich,

Mein Nächster ist sein Kind wie ich.

Der nächste Tag, nachdem Theodor Benz Philadelphia verlassen, war ein Sonntag, und schon in aller Frühe trat Frau Wittwe Kreuderin in die Küche und frug Maria, ob sie mit ihr in die Kirche gehen wolle, wo der junge Pastor Mühlenberg, an der Stelle seines würdigen Vaters, predigen werde. Mit freudestrahlendem Gesichte eilte Maria zu der guten Mutter und dankte ihr mit den herzlichsten Worten, ihr das große Vergnügen zu gewähren, den Gottesdienst zu besuchen. Ihre Eltern wären fromme Leute gewesen und hätten an keinem Sonntage versäumt in die Kirche zu gehen, und kaum hätte sie laufen können, hätte ihre Mutter sie schon in die Kirche geführt und andächtig beten gelernt. Nachdem Maria ihre Arbeiten verrichtet, eilte sie in ihr Kämmerlein, um sich für den Kirchengang anzukleiden, und stand bald bei Mutter Kreuderin, mit der sie zur Kirche gehen wollte.

Mit großer Andacht lauschten die Frauen den Worten des jungen Predigers, der seinen Text aus Jesus Sirach, Kapitel 14, Vers 14 genommen, der lautet: „Vergiß der Armen nicht, wenn du den fröhlichen Tag hast; so wird dir auch Freude wiederfahren die du begehrest."

Er sprach dann, daß wir nicht zu sehr an irdischen Gütern hängen sollten, daß wir nach unsern Kräften den bedürftigen und kranken Menschen helfen sollten, Habsucht und Geiz seien eine große Sünde; der Habsüchtige und Geizige klammere sich an das Irdische, der Himmel sei für ihn nicht offen u. s. w. — Vollkommen erbaut, kehrten die Frauen in ihre Wohnung zurück.

Zwei Wochen waren vergangen, nachdem Theodor von seiner Maria Abschied genommen, als Frau Kreuderin mit freundlichem Gesicht in die Küche kam, und ihr verkündete, daß der würdige Pastor Mühlenberg nach ihr gesandt habe, sie möge in der Küche Alles gehn und stehn lassen und so schnell als möglich in das Pfarrhaus eilen, und sie bezweifle nicht im

Geringsten, daß er ihr nur Gutes zu verkünden habe. Freudig überrascht von dem, was ihr die gute Mutter verkündet, eilte Maria in ihr Kämmerlein, kleidete sich einfach, aber höchst reinlich, und eilte nach dem Pfarrhause.

Pastor Heinrich Melchior Mühlenberg wohnte damals in einem Bretterhause in der Mulberry-Straße, jetzt Arch-Straße, ohnweit seiner Pfarrkirche in der Dritten Straße. Dort lebte er mit seiner treuen Gattin und Kindern ganz einfach, ohne allen Prunk, verwaltete treu, eifrig und mit großem Segen sein in jener Zeit so beschwerliches Amt. Er war nicht allein ein Verkünder der Lehre des Weltheilandes, sondern gab auch überall Zeugniß, daß er dieselbe auf das Gewissenhafteste befolgte.

Als Maria in das Haus dieses ehrwürdigen Mannes trat, wurde sie sehr freundlich begrüßt und Pastor Mühlenberg stellte seiner Frau, der Tochter des so berühmten deutschen Indianer-Agenten Conrad Weiser, das so bescheidene Mädchen vor, die ihr dann liebreich die Hand reichte und sagte: Mein Mann hat mir dein Unglück und Leiden auf der Reise nach Amerika erzählt, welches mich tief ergriffen, und da die Frau Kreuderin ein so schönes Zeugniß giebt, so wollte ich dich fragen, ob du nicht für einen passenden Lohn und gute Behandlung bei mir dienen willst. Gewiß will ich, sagte Maria, ich will Euch nach meinen besten Kräften treu und redlich dienen, bin ich doch dem Herrn Pastor so vielen Dank schuldig, für das was er für mich gethan.

Pastor Mühlenberg erkundigte sich jetzt nach Theodor Benz, und als er erfuhr, daß er im Dienst bei dem Bauern Friedrich Leinbach in Oley sei, war er hoch erfreut und sagte, daß er Leinbach genau kenne, er sei ein Mitglied seiner Gemeinde gewesen zur Zeit er das Predigeramt an der Trappe-Kirche bediente. Leinbachs Farm sei über zwölf Meilen von der Trappe gelegen, dessen ungeachtet habe Leinbach mit seiner Familie keinen Sonntag versäumt seine Predigt zu hören.

Nun nahm Frau Mühlenberg wieder das Wort und sagte: Da du den Dienst bei mir angenommen, so wäre es mir sehr lieb, wenn du denselben schon morgen antreten würdest, denn wir haben gerade viele Arbeit, besonders für die Nadel, die du, wie mir Frau Kreuderin versicherte, trefflich zu führen verstehst. Mein Sohn Peter wird in kurzer Zeit heirathen, und dann eine Pfarrei in Virginien antreten, da giebts Arbeit in Menge. Frau Kreuderin, erwiederte Maria, wird mir wohl ein zu großes Lob gegeben haben, doch will ich mich bemühen, Ihre Zufriedenheit zu gewinnen, erlauben Sie mir aber, mit meiner guten Mutter Rücksprache zu nehmen, denn ich habe dort noch Manches zu ordnen, und soll die gute Frau keine Undankbare finden. Ich will schnell dahin eilen und mich bemühen, daß ich morgen in rechter Zeit wieder bei Ihnen sein kann. Geh, mein Kind, erwiederte die Pfarrerin, ich verlasse mich auf dich und sage dazu, es ist recht schön von dir, daß du das

Haus der Frau, die du deine zweite Mutter nennen darfst, und welche dir so viel Gutes gethan, in Ehren verläßt. Maria verließ das Haus des Pfarrers und eilte nach dem Gasthause der Mutter Kreuderin, die bereits unter der Thüre stand, und, wie es schien, neugierig auf die Zurückkunft des Mädchens wartete. Als Maria die Frau vor der Thüre sah, eilte sie freudig auf sie zu, umarmte sie mit ihren kräftigen Armen, drückte einen langen Kuß auf ihren Mund, und mit Thränen in den Augen verkündete sie, daß sie morgen das Haus verlassen müsse, wo sie so viel Gutes empfangen, doch tröste sie sich damit, daß es ja der Wunsch der guten Mutter sei, daß sie in den Dienst der Pfarrersleute gehe.

Am nächsten Morgen zur bestimmten Zeit, trat Maria ihren Dienst bei Frau Mühlenberg an, und bald saß das Mädchen emsig nähend an dem kleinen Fenster im Hinterstübchen des Pfarrhauses, damit ja das Weißzeug für des Pfarrers Sohn rechtzeitig fertig werde, denn Peter, der junge Pfarrer, konnte kaum den Zeitpunkt abwarten, bis Alles für seinen Haushalt fertig war. Ueberhaupt war der junge Mühlenberg ein unruhiger Geist, der schon von seiner frühesten Jugend an seinem Vater viel zu schaffen machte.

Als Pastor Mühlenberg noch die deutsch-lutherische Gemeinde an der Trappe, jetzt in Montgomery County gelegen, bediente, wurde Peter Mühlenberg geboren. Kaum hatte Peter die Kinderschuhe ausgetreten, so hatte er auch schon Bekanntschaft mit jungen Indianern gemacht, die sich noch hie und da bei den Ansiedlungen umher trieben. Sie lernten ihm die Irequois-Sprache der Wilden, nahmen ihn mit zur Jagd und Fischfang, trotz daß ihm von seinem Vater die Wildnerei streng verboten war. Von den Ansiedlern wurde er nur Mühlenberg's wilder Peter genannt. In reiferem Alter, als er sich ausgetobt, wurde er, wie uns die Geschichte erzählt, ein tüchtiger Prediger, doch sein Patriotismus für sein Vaterland und die Freiheit, ließ ihn seine Laufbahn als Prediger verlassen, und sie mit dem eines Soldaten vertauschen. Seine edlen und muthigen Thaten sind jedem Amerikaner bekannt, und genug ist es zu sagen, daß er General Washington's wärmster Freund war. Seine Gebeine ruhen auf dem Kirchhofe bei der Trappe, neben denen seines edlen Vaters.

Während Maria in Philadelphia emsig beschäftigt war, und sich bei der Familie Mühlenberg mit jedem Tage mehr Achtung und Liebe erwarb, war auch unser Theodor Benz in Oley fleißig an der Arbeit, um das Feld gehörig bestellen zu helfen und sich sonst auf der Farm nützlich zu machen. Auch er hatte bald durch sein gutes Betragen, Fleiß und guten Willen die Herzen der ganzen Familie Leinbach für sich gewonnen. Leinbach hatte vier Kinder, zwei Knaben von 14 und 17 Jahren, George und Friedrich, zwei Mädchen von 8 und 10 Jahren, Anna und Elisa, die bald den guten Theodor wie einen Bruder liebten. In der Familie Leinbach's herrschte große Ordnung und die Eltern vernachlässigten die gute Erziehung ihrer Kinder nicht; sie waren streng gegen dieselben, wo sie es für nothwendig fanden, jedoch in einer Weise, daß sie die Liebe derselben nicht verscherzten. Früh lernten sie beten, und sobald sie so weit erwachsen waren, daß sie Verstand genug besaßen, wurden sie in der Religion unterrichtet, lernten die Güte des allmächtigen Schöpfers erkennen, sowie die Lehren des Weltheilandes, welche die Bahn zum ewigen Leben und Glückseligkeit bezeichnen. Damals hielten es die Eltern für eine schwere Sünde, wenn man die Erziehung der Kinder mißachtete. — Wie anders ist es heute! —

Auf Leinbach's Farm wurden die Befehle der Eltern von ihren Kindern mit der größten Pünktlichkeit befolgt, keines wagte eine Einwendung, und so kam auch der Segen über Leinbach's Familie und Eigenthum. Noch heute leben in Reading, Womelsdorf und andern Plätzen Urenkel von Friedrich Leinbach, Kaufleute, Prediger, Farmer, die den besten Ruf haben, und so kann man von dem Dahingeschiedenen sagen: „Der Herr hat dich gesegnet bis ins dritte und vierte Glied."

Viertes Kapitel.

Der erste Besuch in Philadelphia.

Sieh! wie lieblich und wie fein,

Ist's für Menschen friedlich sein,

Wenn ihr Thun einträchtig ist,

Ohne Falschheit, Trug und List.

Der Spätherbst war herangekommen und die Arbeiten auf Leinbach's Farm nur noch gering und konnte leicht von Vater Leinbach und seinen beiden Söhnen verrichtet werden, da nahm Theodor sich's vor den Bauern zu fragen, ob er es ihm jetzt erlauben wolle, nach Philadelphia zu gehen, und einige Tage daselbst zu verweilen, er sei sehr neugierig zu erfahren, ob Nachrichten von seinen lieben Eltern und Geschwistern, für die er stets Liebe im Herzen hege, bei dem ehrwürdigen Pastor Mühlenberg angekommen seien, denn da keine Postverbindung zwischen Philadelphia und Oley bestehe, habe er seine Briefe an den Pfarrer addressiren lassen.

Als er in die Wohnung des Farmers trat, um sein Gesuch anzubringen, saß derselbe am Tisch und schrieb. Indem er Theodor gewahrte, erhob er sich freundlich und frug nach des jungen Mannes Begehr. Ich will, erwiederte dieser, Euch Vater Leinbach fragen, ob Ihr mir erlauben wollt, da wenig Arbeit mehr auf der Farm zu verrichten ist, nach Philadelphia zu gehen und daselbst einige Tage zu verweilen. Gewiß, mein Sohn, war die Antwort des gutherzigen Mannes, du hast mir bis daher treulich gedient, warst fleißig und geschickt, und noch mehr, du hast meine Buben, die Neigung zum Müssiggang hatten, dazu gebracht, daß sie Freude an der Arbeit haben, Alles geschickt angreifen, so daß ich sie loben muß, und dir dazu zum Dank verpflichtet bin. Gehe mit Gott und verlasse dich darauf, wenn du mir noch eine zeitlang so fort dienst, sollst du es in deinem ganzen Leben nicht bereuen. Kannst nach Philadelphia gehen, wann du willst und eine ganze Woche daselbst verweilen; wann willst du dahin abgehen? Am Freitag Morgen, wenn es möglich ist, in aller Frühe, denn ich möchte noch am Sonntag Abend Philadelphia erreichen, bis zu meiner Abreise sind es noch zwei Tage, die ich noch benutzen will, die gröbsten Arbeiten auf der Farm hinwegzuräumen, damit den Buben die Arbeit, da sie noch jung sind, nicht zu schwer werde. Gut, sagte Leinbach, komme am Donnerstag Abend in meine Stube, ich will dir deinen vollen Lohn bis zum Tage deines Abgangs ausbezahlten, denn wenn du nach Philadelphia kommst, wirst du allerlei

Bedürfnisse haben, dazu braucht man Geld und es soll mir Niemand nachsagen, daß ich meinen Knecht wie einen Bettler nach Philadelphia gehen ließ. Gerührt nahm der junge Mann Vater Leinbach's Hand und dankte ihm mit den herzlichsten Worten.

Der Morgen, den Theodor zu seiner Abreise bestimmt, war ein gar herrlicher, wie er um diese Jahreszeit, Ende des Monats Oktober, außer Ost-Pennsylvanien, wohl wenige in der Welt giebt, und werden diese Tage, sowie der Beginn des Monats November, von dem Volke der „Indianische Sommer" genannt. Der junge Mann war schon, nachdem er am Vorabend von allen seinen Lieben Abschied genommen, vor Tagesanbruch reisefertig, denn er wollte noch an diesem Tage eine gute Strecke Weges zurücklegen, da ihn die Sehnsucht nach Philadelphia trieb, wo er freudig empfangen zu werden hoffte. Mit einem derben Hickorystock, ein Bündlein unter dem Arm, trat er aus dem Hause und wollte eben den Fußpfad betreten, der hinter dem Hause über einen Hügel führt, folgen, als ihm eine Stimme Halt! und wohin so eilig? zurief. Erschrocken wandte sich Theodor um, erkannte aber sogleich in dem Rufer, der seine Stimme etwas verändert hatte, Friedrich, den ältesten Sohn des Farmers, welcher ihm freundlich zuwinkte, zurückzukommen. Er folgte dem Winke und trat zu Friedrich, welcher unter der Stallthüre stand. Dieser drohte dem Herangekommenen mit dem Finger und sagte: Theodor, was denkst du! glaubst du, daß der Vater, die Mutter und wir Alle zugeben würden, daß du mit einem Ränzchen unter dem Arm, einen Hickorystock in der Hand in Philadelphia einziehen sollst, wo Vater so viele Bekannte hat? Nein, lieber Freund, das geht nicht, das wäre ja für uns eine Schande. Indem er dies sagte, öffnete er die Stallthüre und zog eines der schönsten und besten Pferde des Farmers heraus das schön gesattelt und gut bepackt war. Vor Erstaunen wußte Theodor nicht was er sagen sollte, aber Friedrich ließ ihn nicht zu Worte kommen, zog ihn zum Pferde heran und auf dasselbe deutend, sagte er: Hier in dem Sack befindet sich eine Kanne unserer besten Butter, die du der Mutter Kreuderin zum Geschenk bringst, in diesem hier, sagte er, indem er den Erstaunten auf die andere Seite des Pferdes führte, befinden sich zwei unserer besten Schinken, die giebst du der Pfarrersfamilie, in dem Packet am Sattelknopf befindet sich ein Stück Tuch, welches meine beiden Schwestern aus Flachs gesponnen und sorgfältig gebleicht haben, dies giebst du der braven Maria, und endlich hier neben dem Sattel findest du in dem Säckchen Lebensmittel, die unsere Mutter für dich eingebunden hat, damit du auf der Reise keinen Hunger leidest. Nun sitz auf, Theodor, reite zu, möge der liebe Gott dich auf der Reise begleiten.

Wie ein Träumender, mit Thränen in den Augen und keines Wortes fähig, bestieg der junge Mann das Pferd und drückte seinem jungen Freunde stumm die Hand und wollte eben aus dem Hof reiten, als die ganze Familie

Leinbach vor dem Thor erschien, ihm Abschied zuwinkte und glückliche Reise wünschte.

F. S. **Berg Maria.**

Mit gepreßtem Herzen ritt Theodor die Straße entlang und saß eine geraume Zeit wie ein Träumender auf dem Pferde, das rüstig zuschritt, aber plötzlich erschrocken stehen blieb. Theodor erwachte aus seiner Träumerei, und sah sich in einem düstern Urwald und vernahm ein furchtbares Geheul von wilden Thieren, die sich, wie es schien, zerfleischten. Er hielt schnell besonnen das schöne Pferd fest am Zügel, schmeichelte es, und so blieb es ruhig, doch zitternd, stehen. Nach wenigen Minuten stürmte eine Rotte Wölfe aus dem dichten Gebüsch, die einen Panther verfolgten, liefen keine zwei hundert Schritte von ihm über die Straße und den Bergabhang hinab. Als das Getöse vorüber war, wurde das Pferd wieder ruhig und Theodor ritt jetzt, ohne auf weitere Gefahren zu stoßen, den ganzen Weg entlang, bis er, als es bereits zu dunkeln anfing, ein Wirthshaus erreichte, das einladend an der Straße stand, und wo er sich erinnerte mit Vater Leinbach übernachtet zu haben. Das Wirthshaus, wie man mir vor einiger Zeit versicherte, steht heute noch, aber nicht einsam an der stillen Straße, sondern beinahe in der Mitte der schönen und volkreichen Stadt Norristown.

Der Wirth nahm den Reisenden freundlich auf, denn er erkannte in ihm sogleich den jungen Mann, der vor einem halben Jahre mit seinem Freunde Leinbach bei ihm übernachtete. Sogleich nahm er seinem Pferde die Bürde ab, führte es in den reinlichen Stall und ließ ihm gutes Futter geben. Nachdem er sein Abendessen genommen und noch ein gutes Glas Cider getrunken, begab er sich zur Ruhe, denn er war sehr ermüdet und schlief bald ein, bis das Grauen des Tages begann. Schnell kleidete er sich an, sah nach seinem treuen Pferde, ließ sich eine Tasse Kaffee geben, sattelte sein Pferd und nahm Abschied von den freundlichen Wirthsleuten. Heute trieb er sein Pferd nicht stark an, denn er hatte ja weit über die Hälfte des Weges zurückgelegt und konnte leicht Nachmittags Philadelphia erreichen, wohin er sich so sehr sehnte.

Die Glocke des Philadelphia Stadthauses schlug eben die dritte Nachmittagsstunde, als Theodor schon vor dem goldenen Schwan in der Sassafraß-Straße anhielt. Mutter Kreuderin stand zufällig vor der Thüre und war ganz erstaunt den schönen Reiter auf dem stolzen Rosse bei ihrem Hause halten zu sehen. Bald aber erkannte sie ihn, und rief mit starker Stimme: Tausendmal willkommen mein lieber Sohn! eilte zu ihm und reichte dem jungen Manne die Hand, und als dieser frug, ob er einige Tage bei ihr verweilen könne, rief sie, ohne auf die Frage zu antworten, den Hausknecht herbei und befahl ihm, das Pferd in den Stall zu bringen und auf das Beste zu versorgen, aber Theodor wartete auf diesen nicht, ritt in den Hof, denn er wollte vor Allem zuerst für das ihm anvertraute so schöne und gute Thier sorgen. Mit Hülfe des Knechtes war bald das Pferd abgesattelt und an einen saubern Platz geführt, dann nahm er seine mitgebrachten Effekten und trug sie in das Aufbewahrzimmer des Hotels.

Bis jetzt hatte der junge Mann keine Gelegenheit bei Mutter Kreuderin nach seiner Maria zu fragen, da diese mit der Herrichtung des Abendessens sehr beschäftigt war. Wohl hatte er von Maria Briefe erhalten, die durch Gelegenheit mit Bauern aus Oley und der Nachbarschaft zu ihm kamen, und auf gleiche Weise wieder geantwortet, doch Mutter Kreuderin konnte ihm ja viel mehr sagen, als all die Briefe. Sobald daher das Essen eingenommen und die gute Frau sich vom Tisch erhob, folgte er ihr in die Sitzstube, wie man damals den Porlor nannte, und frug mit ängstlicher Stimme wie es dem Mädchen ergehe. Ja! ja! sagte die freundliche Schwäbin, dem Blitz Mädle goths guat, sie ist schön wie der Frühling und ehrlich und fleißig wie die heilige Martha. Die Mühlenbergs, besonders die Pfarrerin, sind ganz in das

Mädle vernarrt, und ist so geliebt wie ihre eigenen Kinder, und lassen sie nicht von sich.

Als vor einiger Zeit der junge Pfarrer Peter Mühlenberg mit seiner schönen Frau Anna nach Virginien ziehen mußte, wo eine deutsche Gemeinde im Shenandoah Thal ihn zum Prediger berufen, da bat er dringend seine Mutter ihm doch Maria mitzugeben, aber diese erwiederte, daß dieses unmöglich sei, denn Maria sei ihr ein großes Bedürfniß in ihren alten Tagen, wo ihr Körper sich zu schwächen anfinge, sie sei ihr nicht allein eine treffliche Haushälterin, sondern auch eine treue Freundin und Pflegerin geworden. Er möge sich sonstwo unter den deutschen Mädchen in Philadelphia eine aussuchen, Maria ließe sie nicht eher von ihrer Seite, bis sie es selbst verlange aus ihrem Hause zu gehen, und nach Virginien! — Peter wo denkst du hin? so weit geht Maria nicht, denn wisse, unter uns gesagt, in Oley steckt ein Magnet, der zieht so stark, daß ihre Wanderung von hier nur dorthin geht. Peter mußte ohne Maria von dannen ziehen. Auch ich, fuhr die gute Alte fort, habe so etwas von einem Magnet bemerkt, denn wenn Maria mich von Zeit zu Zeit besucht, und wir auf dich zu sprechen kommen, da strömen viele Seufzer aus ihrer Brust und alle fliehen Oley zu, wo sie doch weiß, daß du dort so wohl versorgt bist. Nun, bist du mit meinem Bericht zufrieden? Gewiß, erwiederte Theodor, drückte seiner treuen alten Freundin die Hand und sagte ihr herzlichen Dank.

Jetzt packte der junge Mann die mitgebrachten Geschenke aus, und reichte der Mutter Kreuderin die mit der besten Butter gefüllte Kanne, bemerkte dabei, daß dieses ein Geschenk von der Familie Leinbach sei, und hoch erfreut trug das Weible dasselbe in die Küche. Da es schon spät war, wollte Theodor Benz die Familie Mühlenberg nicht mehr besuchen, und wandelte, bis es Bettzeit war, in dem damals noch so kleinen Philadelphia umher.

Der nächste Tag war ein Sonntag, und da Theodor im Lande so wenig Gelegenheit hatte, die Kirche zu besuchen, so sollte sein erster Gang heute zur Kirche sein. Er erinnerte sich an das seinen lieben Eltern gegebene Versprechen, niemals, wenn sich ihm die Gelegenheit böte, den Gottesdienst versäumen zu wollen und im Geiste sah er, wie heute am Sabbath seine Eltern und Geschwister andächtig nach dem Gotteshause in der alten Heimath wanderten und gewiß seiner im Gebet gedenken würden. Er kleidete sich auf's Beste für den Kirchengang, und als er aus seinem Zimmer kam und in die Wirthsstube trat, fand er auch schon die Wittwe Kreuderin zur Kirche gerüstet und beide wanderten neben einander nach der St. Michaliskirche an der Cherry und Fünften Straße, wo Pastor Mühlenberg den Gottesdienst hielt.

Peter Mühlenberg nahm heute seinen Text aus dem zweiten Buch Moses, 20. Kapitel, Vers 12, welcher lautet: „Du sollst deinen Vater und deine Mutter ehren, auf das du lange lebest im Lande, daß dir der Herr, dein Gott, giebt." — Dann sprach er von der großen Sünde, welche Eltern begehen, wenn sie ihre Kinder nicht gut erziehen, sie vom Schul- und Kirchengehen abhalten, und schon von frühester Jugend an nicht an Arbeit und Reinlichkeit gewöhnen. Es sei meistens der Eltern Schuld, wenn die Kinder ungehorsam und schlecht werden. Der Jugend rief aber der Pastor zu: Ein Kind das nicht Vater und Mutter ehret, so lange sie leben, ist ein Schandfleck der Menschheit, ihm steht der Himmel nicht offen und schon auf dieser Welt wird der Fluch es treffen. Dann gab er Beispiele von dem Glück, wenn Eltern und Kinder einig und friedlich mit einander leben, wie die Allmacht über sie wache, und wie der Segen des Himmels über sie herabströme. Nachdem die Predigt beendigt war, sang die Gemeinde das herrliche Lied von Gellert:

Wie groß ist des Allmächt'gen Güte,

Ist der ein Mensch, den sie nicht rührt?

Der mit verhärtetem Gemüthe

Den Dank erstickt, der ihm gebührt?

Nein, seine Liebe zu ermessen,

Sei ewig meine größte Pflicht,

Der Herr hat mein noch nicht vergessen,

Vergiß mein Herz auch seiner nicht.

Nachdem der Pastor den Segen über die Anwesenden gesprochen, wurden die Thüren der Kirche geöffnet und Alle wanderten ihrer Heimath zu. Auch Theodor ging mit der lieben Frau Kreuderin, still und in sich gekehrt, nach ihrer Wohnung zum goldenen Schwan.

Da Nachmittags kein Gottesdienst gehalten wurde, rieth Frau Kreuderin ihrem Theodor, die Familie Mühlenberg und seine Maria zu besuchen, sie wolle dann mit dem Hausknecht die Geschenke in die Pfarrerswohnung schicken. Der Rath gefiel dem jungen Manne, und nachdem die Glocke die zweite Mittagsstunde geschlagen hatte, begab sich derselbe nach der Wohnung des Pfarrers, wo er höchst freundlich aufgenommen wurde.

Er dankte der braven Familie für alle die Güte, die sie ihm und der Maria erwiesen, mit den herzlichsten Worten. In demselben Augenblick trat der Hausknecht des goldenen Schwanes mit den Geschenken in die Stube, welche Theodor der Frau Pfarrin mit folgender Bemerkung übergab: Hier schickt Ihnen Vater Leinbach zwei ganz vortreffliche Schinken, mit dem Wunsch, dieselben gefälligst anzunehmen und sich gut schmecken zu lassen.

Die Familie denke stets mit Liebe an ihren guten Pfarrer, es ist eine höchst brave und religiös gesinnte Familie und er danke Gott, daß er ihn zu Leinbach's geführt, wo er wie ein Sohn und Bruder behandelt werde. — Mühlenberg bat dann den guten Mann, der Familie Leinbach herzlichen Dank für das schöne Geschenk zu sagen und weiter erwähnte, wenn ich mal wieder in die Gegend von Oley komme, wo ich so viele und treffliche Leute kenne, so werde ich die Familien Leinbach, Guldin, Keim, Yoder, Bartholet und Griesemer besuchen, die alle Mitglieder meiner Gemeinde waren.

Mittlerweile war die Pastorin in die Küche geeilt, brachte Maria in die Sprechstube, und als diese ihren Theodor erblickte, stieß sie einen Freudenruf aus, lief auf den jungen Mann zu und ohne Scheu vor den Pfarrersleuten, drückte sie einen heißen Kuß auf seinen Mund, und mit Thränen in den Augen dankte sie ihm, daß er den weiten Weg unternommen, um sie zu besuchen.

Gefällt es dir noch in Oley? war die erste Frage des Mädchens. Gewiß, entgegnete Theodor, denn ich werde ja dort wie ein Sohn und Bruder behandelt, erwiedere aber auch diese gute Behandlung durch Treue und Fleiß, und habe ich vor den braven Leuten kein Geheimniß, davon kannst du dich hier überzeugen. Er nahm das Packet in welchem sich die Leinwand befand, und überreichte es dem Mädchen und bat, dasselbe zu eröffnen. Sie öffnete. Alle Anwesenden waren erstaunt, als sie die herrliche Leinwand sahen, und wegen ihrer blendenden Weiße und Feinheit bewundert wurde. Dieses Geschenk schicken die beiden jungen Töchter meines Wohlthäters mit dem herzlichsten Wunsche, daß es dir gefallen möge, und der Bitte, daß du sie einmal in der heißen Jahreszeit besuchen möchtest. Nachdem Maria für das schöne Geschenk gedankt, bat sie die Frau Pfarrerin, dasselbe für sie aufzubewahren, welche sich auch gleich dazu bereit fand. Nun lud Mühlenberg Theodor ein bei ihm zum Abendessen zu bleiben und nach dem Essen könne er mit Maria Frau Kreuderin besuchen und ihre Angelegenheiten besprechen. Dankbar nahm der junge Bauer die Einladung an.

Bald saß die ganze Familie Mühlenberg mit Theodor und Maria wohlgemuth beim Abendessen beisammen; der Pfarrer war heute besonders vergnügt, denn er hatte einen Brief von seinem Sohn Peter aus Shenandoah erhalten, der ihm meldete, daß die deutsch-lutherische Gemeinde daselbst ihn höchst freundlich empfangen, für ihn und seine Frau ein gutes, wohlgebautes stattliches Haus in einer wunderschönen Lage eingerichtet, welches für immer seine Wohnung sein solle. Bei seiner Antrittsrede wäre die Kirche, welche größer als die St. Michaeliskirche in Philadelphia sei, überfüllt gewesen und man hätte alle Fenster öffnen müssen, damit die vielen Leute, welche nicht mehr in der Kirche Platz, fanden, die Predigt draußen hören konnten. Das Shenandoah-Thal sei eine wunderschöne und sehr fruchtbare

Gegend, wo sich meistens nur Deutsche niedergelassen hätten, die dort den Ackerbau auf fleißige und geschickte Weise betrieben, aber auch durch reichliche Ernten belohnt würden. Es sei ein sehr ehrliches, unverdorbenes Volk, das mit reiner Liebe an ihrem Glauben hänge. Er danke Gott, daß er ihn hierher geführt, er werde sich bestreben, seine Pflichten treu zu erfüllen.

Als das Abendessen eingenommen war, bemühte sich Frau Mühlenberg mit ihrer ältesten Tochter und Maria, Alles wieder in Stube und Küche in Ordnung zu bringen, damit der Maria Gelegenheit gegeben werde mit Theodor einen Spaziergang durch die Stadt zu machen, wo jetzt so viele neue Gebäude errichtet würden.

Während die Frauen so beschäftigt waren, unterhielt sich der Pastor mit seinen beiden Söhnen Ernst und Christoph und Theodor über das Schaffen und Vorwärtsschreiten der Deutschen in Pennsylvanien. — Bald waren die Frauen mit ihren Arbeiten fertig, und nachdem sich Maria ordentlich gekleidet hatte, führte sie die Pfarrerin in die Stube, wo die Männer saßen, und bat Theodor mit seiner Braut noch ein wenig durch die Stadt zu wandern und dann zu Mutter Kreuderin zu führen, die sich gewiß freuen werde, die beiden jungen Leute bei sich zu sehen. Sogleich war Theodor bereit, den Wunsch der Pfarrerin zu erfüllen. Das Paar entfernte sich unter dem Zuruf: Viel Vergnügen! aus dem Pfarrhause und begab sich zuerst nach der Chestnutstraße, wo noch theilweise an dem Stadthause gebaut wurde, dann in die Zweite Straße zur Christkirche, wo sie das damals so schöne Glockenspiel hörten, dann begaben sie sich nach der Vierten und Cherrystraße, wo man eben den Bau der deutsch-lutherischen Zionskirche begonnen, und zuletzt zum goldenen Schwan, wo sie von der Mutter Kreuderin erwartet wurden. Diese hatte bereits in ihrer Stube einen kleinen Imbiß hergerichtet und lud die jungen Leute ein, etwas bei ihr zu genießen, denn es käme ja aus gutem Herzen, und es freue sie herzlich, wenn es ihnen wohlschmecken würde. Vor ihr hatten die Liebenden kein Geheimniß, und besprachen ihre jetzigen Verhältnisse mit denen ihrer Zukunft.

Theodor war der Ansicht, er wolle noch einige Jahre Leinbach treulich dienen, dann werde derselbe gewiß sein Versprechen halten, und ihm zu einem Stück Land verhelfen auf dem sie sich häuslich niederlassen und ernähren könnten. Maria sollte noch eine zeitlang bei Mühlenberg's bleiben und sich etwas für die Einrichtung der Haushaltung ersparen, später wolle er wieder nach Philadelphia kommen, sich von Pastor Mühlenberg trauen lassen und sie dann in die neue Heimath führen. Bis dahin käme er ja noch öfters nach der Stadt, wo man das Nähere besprechen könne. Mutter Kreuderin fand den Plan ausgezeichnet, und Maria reichte Theodor die Hand und sagte, daß sein Plan ganz ihrem Wunsche entspreche. Freudig erhob sich dann die Wirthin zum goldenen Schwan und rief mit befehlerischer Stimme: Kinder! aber das sage ich euch, die Hochzeit muß bei mir gefeiert werden, und da beißt die Maus keinen Faden von ab. Gewiß! Gewiß! riefen die beiden Liebenden zu gleicher Zeit: Ihr bleibt unsere Mutter in Freud und Leid. Der Himmel gebe, daß wir einst in euren älteren Jahren euch pflegen und vergelten können, was ihr so mütterlich für uns gethan.

Fünftes Kapitel.

Das Landgeschenk.

Deutsche Treu und Redlichkeit

Macht uns geltend weit und breit.

Nachdem Theodor die Aufträge, welche er von Leinbach und dessen Nachbarn empfangen, pünktlich besorgt hatte, nahm er von seiner Maria, den Pfarrersleuten und der guten Wirthin zum goldenen Schwan Abschied, bestieg wohlgemuth sein ausgeruhtes Pferd, ritt rasch die Ridge Road hinaus, Oley zu, und erreichte schon in der Hälfte des zweiten Tages Leinbach's Farm, wo ihm ein liebreicher Empfang zu Theil wurde.

Fleißig ging er wieder an die Arbeit, traf überall im Felde, sowie bei der Viehzucht, praktische Verbesserungen, so daß ihm Leinbach sein volles Zutrauen schenkte und die ganze Verwaltung der Farm überließ.

So waren etwas über zwei Jahre seiner Dienstzeit verflossen, während welcher er seiner Maria und Freunden in Philadelphia mehrere Besuche abgestattet hatte. Da sagte eines Tages Leinbach zu seiner Frau: Liebe Anna, seitdem wir den Theodor auf unserer Farm haben, ist der Segen des lieben Gottes doppelt bei uns eingekehrt. Er hat unsere beiden Buben zu Fleiß und Ordnung angehalten und zu verständigen Bauern gemacht, es ist daher jetzt Zeit, daß wir auch an den braven Mann denken, der uns so viel Glück ins Haus gebracht, und unsere Farm zu einer der wohlhabendsten in der ganzen Gegend gemacht. Was denkst du, wenn wir ihm dass schöne Stück Land von 175 Ackern, bei Motz Mühle gelegen, zum Geschenk machten, das ich ja doch nicht bebauen kann, und mir Vetter Jakob de B. Keim so oft gerathen, nicht leer stehen zu lassen, sondern zu verkaufen. Unsere Farm, fuhr er fort, ist vollkommen groß genug, zwei Familien reichlich zu ernähren, in diese können sich, wenn wir einst die Augen geschlossen, unsere Buben theilen, für unsere Mädchen haben wir in der Nähe des Dorfes Reading zwei große Stücke des werthvollsten Landes, auf welche mir schon große Gebote gemacht wurden. Nun, wie wäre es, wenn wir unserm Theodor, wenn er uns noch eine zeitlang treulich dient, das erwähnte Stück Land schenken würden? — Unser Vetter Jakob de B. Keim würde dann einen guten Nachbar bekommen, Theodor sich eine Heimath gründen, seine Maria heimführen, gegen uns gewiß dankbar sein und oft zu uns herüberkommen, um zu sehen, ob unsere Buben Alles recht machen.

Mit vielem Vergnügen willige ich ein, erwiederte Mutter Leinbach, und unsere Kinder werden auch nichts dagegen haben, denn sie lieben ihn ja, als wenn er ihr leiblicher Bruder wäre. Gut, sagte Leinbach gar freundlich, indem er seiner Frau die Hand drückte, morgen ist Theodors Geburtstag, ich werde mit ihm hinüber reiten und das Land zeigen, gefällt es ihm, so mag er es haben. Ich will ihm sagen: Sieh, lieber junger Mann, wir schenken dir das schöne Stück Land, worauf du dir leicht eine gute Heimath gründen, und dann deine treue Maria als ehrsame Hausfrau einführen kannst, und dazu bitten wir den lieben Gott, daß er dir seinen Segen schenken möge.

Der braven Frau traten bei diesen Worten die Thränen in die Augen, sie trat zu ihrem Manne und sagte: Friederich, du bist ein guter Mensch, des Allmächtigen Güte wird uns und unser Haus auch ferner beschützen.

Noch an demselben Abend rief Leinbach seinen Knecht Theodor in seine Nebenstube, ersuchte ihn Platz zu nehmen und richtete folgende Worte an ihn: Theodor, du weißt, daß wir Alle dich gerne bei uns haben und wissen, daß morgen dein Geburtstag ist, da dachte ich heute so bei mir selbst, wir wollen einmal an diesem Tage die nicht ganz nothwendige Arbeit ruhen lassen und hinüber reiten zu unserm Vetter Keim bei der Motz Mühle, du warst ja noch niemals dort drüben, wo auch tüchtige Bauern wohnen. Theodor nahm die Einladung dankend an, denn er war sehr neugierig, die Gegend daselbst, sowie den fruchtbaren Boden, von dem er so viel hatte reden hören, kennen zu lernen.

Am nächsten Morgen in aller Frühe sprengten die beiden Reiter, Vater Leinbach und Theodor Benz, zum Hof hinaus, und rasch ging's auf Keim's Farm zu. Dort wurden sie auf die freundlichste Weise von der ganzen Familie begrüßt und da es gerade Mittagszeit war, auf das Beste bewirthet.

Nachdem man sich eine kurze Zeit über die Tagesereignisse und besonders über die große Unzufriedenheit des Volkes der Colonien gegen England besprochen, und zuletzt einig wurde, daß die Krone Englands zu tyrannisch gegen ihre Colonisten handle, bat Leinbach mit ihnen hinaus zu gehn, um die ihm gehörigen 175 Acker, welche er in der Nähe von Motz Mühle besitze, in Augenschein zu nehmen. Er möchte auch gern von seinem Verwalter Theodor hören, welchen Werth das Land ohngefähr habe. Keim war dazu gerne bereit. Als sie auf dem Grundstück angekommen waren, schenkte Theodor demselben seine ganze Aufmerksamkeit, untersuchte hier und da den Boden, fand einige ganz vortreffliche Quellen, bewunderte den schönen Wald am Hügel mit seinen kräftigen Hickory-, Eichen- und Kastanienbäumen, und sagte dann zu seinen Begleitern: Dieses Stück Land ist ein so vortreffliches, wie irgend eines in der ganzen Gegend, und er sei ganz erstaunt, daß Vater Leinbach es habe so lange brach liegen lassen; es könne ja so leicht urbar gemacht werden und ein tüchtiger Bauer mit wenig

Hülfe in einigen Jahren eine höchst ergiebige Farm daraus machen. Lieber Theodor, erwiederte Vater Leinbach, ich habe nur auf den tüchtigen Bauern gewartet, und habe ihn nun gefunden, dies Land soll dein sein und meine Frau und Kinder wünschen dir Glück dazu, in einigen Tagen werde ich dir das Dokument zustellen, welches dich zum rechtmäßigen Besitzer macht. Du hast es durch Treue und Fleiß verdient und freue ich mich, daß Vetter Keim einen so guten Nachbarn bekömmt.

Theodor stand eine zeitlang wie versteinert, dann rollten Thränen über seine Wangen und stumm drückte er seinem Wohlthäter die Hand. Nun, nun, fasse dich, sprach Vetter Keim, reichte dem jungen Manne die Hand und sagte: Theodor, wir sind jetzt Nachbarn, und ich gebe dir das Versprechen, sobald du Besitz davon nimmst, deine Nachbarn dir behülflich sein werden, ein ordentliches Blockhaus darauf zu bauen, in welches du dein Weibchen einführen kannst. Da ich den Plan meines Vetters Leinbach kannte, so habe ich schon zu unserm nächsten Nachbarn, dem Müller Motz, gesprochen, und auch mit dem geschickten Zimmermann Bartolet, welcher freundlichst versprach, den Bau des Hauses zu leiten, da er gehört, daß du ein so tüchtiger Bauer und außerdem ein religiöser, friedliebender und ehrenhafter Mann bist.

Nach dieser Unterredung wurde noch der Müller Motz besucht, der die Angekommenen freundlichst begrüßte und sich freute, daß Theodor ihn einmal besuche. Auch in der Motz Mühle[2] wurde die Angelegenheit zwischen dem König von England und den Colonisten besprochen, und das nämliche Urtheil wie bei Vetter Keim gefällt.

Der Nachmittag war schon weit vorgerückt als die Reiter Keim's Farm verließen, doch kamen sie wohlbehalten wieder in ihrer Heimath an.

[2] Diese Mühle existirt heute noch, hat immer noch einen guten Namen bei den Bauern und wird jetzt von dem Müller Reichert geleitet.

Sechstes Kapitel.

Die Revolution.

Fürs Vaterland, Recht und Freiheit streiten,

Das ist des Mannes höchste Pflicht.

In wenigen Tagen hatte Theodor das Nothwendigste auf der Farm besorgt und da nichts Besonderes weiter zu thun war, ersuchte er Vater Leinbach, ihm zu erlauben, nach Philadelphia zu reisen und seiner Maria die frohe Kunde von dem Landgeschenke überbringen zu dürfen, in welchen Wunsch Leinbach gern willigte, da er überdies mehrere Aufträge daselbst zu besorgen hätte, denn wie er vernommen, sehe es in Philadelphia jetzt sehr unruhig aus, und je früher er das Pferd sattle, desto lieber wäre es ihm. Theodor versprach Alles auf's Pünktlichste zu besorgen und schon am nächsten Morgen in der Frühe ritt er zur Farm hinaus, Philadelphia zu.

Wie immer, wenn er nach dieser Stadt kam, wurde er von der guten Kreuderin, sowie von der Familie Mühlenberg und seiner Maria herzlich empfangen und so zu sagen gehätschelt, denn er war ein gar schöner und anständiger Mann geworden, dem man bei der Unterhaltung gar nicht anmerkte, daß er sich nur mit Ackerbau und der Viehzucht beschäftigte. Er erzählte den Lieben, wie nobel er von Vater Leinbach behandelt werde, er zeigte ihnen den Schenkungsakt über das schöne Stück Land, das künftig seine Heimath werden sollte, worüber Alle hoch erfreut und den jungen Leuten zu ihrer neuen Heimath alles Glück wünschten. Dann wurde nochmals die Hochzeit besprochen und beschlossen, daß Pastor Mühlenberg die Trauung in Philadelphia vollziehen sollte und daß Theodor den Vater Leinbach und seine liebe Frau zum Hochzeitsfeste nach Philadelphia mitbringen müsse, doch sollte die Hochzeit nicht eher stattfinden, bis das Blockhaus auf dem neuen Lande wohnlich eingerichtet und Maria unterdessen für die inneren Bequemlichkeiten desselben gesorgt hätte, wobei ihr die Frau Pfarrerin und ihre Tochter (später die Frau des Pastors Kuntz), und die gute Frau Kreuderin, behülflich sein wollten.

Ueberglücklich war Theodor und seine Maria und schauten mit den schönsten Hoffnungen in die so nahe vor ihnen liegende Zukunft.

Allein es sollte leider anders werden. — Der Mensch denkt, Gott lenkt! —

In dieser Zeit erhoben sich immer mehr dunkele Wolken über die Colonien, immer mehr lastete der Druck der englischen Regierung auf ihren Colonisten in Nordamerika, immer mehr stieg die Erbitterung derselben gegen ihre Unterdrücker, und hatte bereits in Boston das Volk den so hoch von den Engländern besteuerten Thee aus den englischen Schiffen über Bord geworfen, auch hatten schon mehrere Gefechte zwischen den Colonisten und den englischen Soldaten stattgefunden.

Dies war die Veranlassung, daß die edelsten Männer des Landes sich in Philadelphia versammelten, um das englische Joch abzuschütteln. Sie riefen die Männer der Colonien zu den Waffen, um Gewalt gegen Gewalt zu setzen, und freudig erschienen täglich Hunderte, um sich anwerben zu lassen. Besonders herrschte in Philadelphia reges Leben, überall vernahm man Verwünschungen gegen das englische Gouvernement und seine Bevollmächtigten, und tüchtige Redner schürten das Feuer, bis es in helle Flammen aufloderte. Selbst Pastor Mühlenberg, der so christliche Mann, war über die Handlungen der englischen Regierung empört, und erklärte offen, daß der König von England und seine Gewaltherrscher gegen die Colonisten gewissenlos handelten.

Doch, lassen wir die Vorgänge ruhen, die bei dem Kampfe für Freiheit und Unabhängigkeit dieser Vereinigten Staaten stattfanden, dieselben sind ja Jedermann bekannt, und kehren wieder zu unserer Erzählung zurück.

Zufällig traf Theodor in Philadelphia einen jungen Bauerssohn Namens Isaak Levan, aus der Nachbarschaft von Reading, welcher einige Male Leinbach's Farm besucht und mit welchem er und Friedrich, Leinbach's ältester Sohn, gute Kameradschaft gemacht. Der junge Levan hatte öfters Friedrich und Theodor eingeladen, seines Vaters Farm in Elsaß, bei Reading, zu besuchen, doch hatten sie ihr Versprechen, dahin zu kommen, bis jetzt noch nicht erfüllen können.

Freudig begrüßten sich die beiden jungen Männer, und Levan erzählte Theodor, daß er auf die Bitte des Joseph Hister in Reading hierher gekommen sei, um zu erfahren, wie es mit der Sache der Aufständigen stehe, und auf welche Weise man denselben Hülfe bringen könne, denn in Reading und in Berks County überhaupt, sei man entschlossen, sein Schärflein zur Befreiung der Colonien aus den Händen der Engländer beizutragen, besonders sei es Joseph Hister, ein noch junger, doch für Freiheit und Unabhängigkeit glühender Mann, daran gelegen zu erfahren, wie es mit der Armee des Generals Washington stehe, da Joseph Hister beabsichtige, aus den jungen Leuten von Berks County eine Militärcompagnie zu errichten und dieselbe unter Commando des braven Washington zu stellen. Ferner erzählte Levan, daß er Benjamin Franklin und Thomas Jefferson besucht habe und diese ihm versichert, daß bei einer Energie und Opferwilligkeit, wie sie Washington besitze, derselbe zuletzt doch siegen müsse, wenn auch nach schweren Kämpfen, und hätten sich beide Männer sehr gefreut, daß die Deutschen sich mit Eifer der Sache der Freiheit annehmen. Auch in Bethlehem und Lancaster sammelten die Deutschen Leute, welche freiwillig in den Kampf für Freiheit ziehen wollten und ihre Zahl sei keine geringe. Jefferson habe ihm noch den besonderen Auftrag gegeben, Hister, dessen Vater er kenne, und von dem er wisse, daß er für die Sache der Unabhängigkeit hoch begeistert sei, sowie Alle, welche in den gerechten Kampf ziehen wollten, herzlich zu grüßen. Bedenke, junger Mann, habe Jefferson noch hinzugefügt, wenn wir sagen können, dieses große, herrliche Land ist unser, den Bürgern gehört's, die sich selbst regieren wollen und können. Welcher Segen wird für uns entspringen, ja für die ganze Menschheit!

Nun Freund Theodor, fuhr Levan fort, will ich wieder nach Reading zurückkehren und berichten, was ich von den großen Patrioten vernommen, dann wollen wir eifrig daran gehen, eine Militär-Compagnie zu bilden und sobald dieselbe vollständig, in Washington's Lager ziehen, auch ich will mitgehen, denn es ist ja des Mannes heiligste Pflicht, für Freiheit und Vaterland zu kämpfen und freudig ziehe ich in den Kampf.

Nachdem Levan seine Erzählung geendet hatte, stand Theodor noch eine zeitlang sinnend da, dann hob er plötzlich sein Haupt empor, reichte seinem Freunde die Hand und sprach: Isaak, glaube mir, ich bin wie du mit Leib und Seele der Sache der Freiheit und Unabhängigkeit ergeben, und was ich heute Morgen von dem braven Pastor Mühlenberg vernommen, daß die Engländer mit Feuer und Schwert die nach Gerechtigkeit rufenden Colonisten verfolgen und tyrannisiren, habe ich eine solche Wuth bekommen, daß ich auf der Stelle hätte darein schlagen mögen. Als mir aber der Pfarrer noch erzählte, daß sein Sohn Peter den Priesterrock ausgezogen, das Schwert umgürtet, um die Unterdrücker zum Lande hinauszujagen, da hatte ich keine Ruhe mehr, und bin jetzt froh, dich hier gefunden zu haben. Ich will mithelfen, den Räubertroß nach England zurückzujagen, und dazu bin ich jetzt fest entschlossen, obschon ich eben daran war, mir ein schönes Heim zu gründen und ein, ach! so liebes Weibchen, mein zu nennen, doch wie ein jeder guter Patriot sagt, will auch ich sagen: Es ist des Mannes heiligste Pflicht für Freiheit und Vaterland zu kämpfen. Nun, Levan, fuhr er fort, da dein Weg nach Reading nicht gar weit von unserer Farm vorbeizieht, so reite ich mit dir, du kehrst bei uns ein, erzählst Vater Leinbach was vorgeht, und da ich weiß, daß er einen großen Haß gegen die Unterdrücker hegt, so wird er wohl nichts dagegen haben, wenn auch ich mich den Berks Countyern anschließe und mit in den Krieg ziehe. Ehe ich jedoch Philadelphia verlasse, will ich noch einmal zu Pastor Mühlenberg gehen und ihm mein Vorhaben mittheilen und seinen Rath vernehmen. Du, Levan, gehst unterdessen zu Mutter Kreuderin, wartest auf meine Zurückkunft, dann wollen wir zusammen abreisen. Mache es nicht lange, erwiederte Levan, dann können wir heute noch Norris Wirthshaus erreichen, dort übernachten und morgen Abend noch Vater Leinbach's Farm erreichen.

Theodor eilte nun der Behausung des Pfarrers Mühlenberg zu und als er in dieselbe getreten war, fand er die ganze Familie, auch Maria, in des Pfarrers Sprechstube. Alle waren in großer Aufregung, denn der Pfarrer hatte eben den folgenden Brief, den er von seinem Sohn Peter erhalten, vorgelesen:

Lieber Vater, Mutter und Geschwister!

Das zehnte Virginische Regiment, aus lauter Deutschen bestehend, zu dessen Colonel ich ernannt wurde, ist jetzt vollkommen gerüstet; meine Leute sind alle muthig und ziehen freudig noch heute in den Kampf für die gerechte Sache. Möge Gott uns Alle beschützen, und möget ihr nur Gutes von mir vernehmen. Ich verlasse ein theures Weib, ein liebes Kind, doch das Vaterland ruft mich und es ist meine Pflicht dem Rufe zu folgen.

Lebt Alle wohl!

Euer Peter Mühlenberg,
Colonel des zehnten Virginischen Regiments.

Durch diese Mittheilung ermuthigt, theilte Theodor den Pfarrersleuten mit, daß auch er sich entschlossen habe, dem Vaterlande seine Dienste zu weihen, und sich der Militär-Compagnie, die man jetzt in Reading gründe, anschließen wolle, wenn es Maria nicht zu hart nehme, daß er sie verlasse, wo ihnen jetzt eine so schöne Zukunft bevorstehe. Als Maria diese Worte vernommen, rollten schwere Thränen über ihre Wangen, doch mit festen Tritten trat sie zu ihm, reichte ihm die Hand und sprach: Mein lieber Theodor, du hast mir noch heute versprochen, eine gute Heimath uns zu gründen und mich als dein Weib heimzuführen, wodurch ich hoch erfreut war und mit großer Sehnsucht der Zeit entgegen sah, wo wir vereint mit einander leben sollten, doch darf ich dir nicht verhehlen, daß fort und fort eine düstere Ahnung mein Herz erfüllte, daß die so gewünschte Zeit sich in weite Ferne ziehen werde, und siehe, die Ahnung fängt heute schon an, sich zu bewahrheiten; doch glaube ja nicht, daß ich gegen dein Vorhaben bin, denn ich sehe ja hier schon seit einiger Zeit, daß viele Männer ihre Frauen und Kinder verlassen, um in den heiligen Kampf zu ziehen, wie es ja auch Vater Mühlenbergs Sohn gethan, und so sage ich, zieh' hin mein theurer Theodor, bleibe treu bis in den Tod dem Vaterland und deiner Liebe. Sie drückte dem jungen Manne noch einen herzhaften Kuß auf den Mund und verließ eilig die Stube.

Erschüttert und bleich stand nach diesen Worten Maria's Theodor bei den Pfarrersleuten, die ebenfalls von Maria's Worten ergriffen waren; dann ging er aber rasch zu der Frau Pfarrerin, reichte ihr die Hand und bat mit den bewegtesten Worten, daß sie sich des armen Mädchens annehmen möchte, und wenn möglich zu veranlassen suchen, sich mit ihm trauen zu lassen, ehe er in den Krieg ziehe. Pfarrer Mühlenberg und sein gutes Weib versprachen Elternstelle bei Maria zu übernehmen und wollten sie auch zu bewegen suchen, sich mit ihm, ehe er in den Kampf ziehe, trauen zu lassen.

Nach herzlichem Abschied von der guten Familie, eilte er zu Frau Kreuderin, wo sein Freund Levan seiner wartete, und bald saßen die beiden jungen Leute zu Pferde und rasch ging es nach Oley zu, der Farm des Vaters Leinbach, welche sie auch am nächsten Nachmittag ohne Unfälle erreichten und von der ganzen Familie auf das Freundlichste aufgenommen wurden.

Theodor erzählte jetzt Alles was er in Philadelphia erlebt, ohne alle Umschweife. Er berichtete, wie er Freund Levan gefunden, von der gewaltigen Aufregung, welche in Philadelphia herrsche und wie jeder brave Mann daselbst gesonnen sei, für Freiheit und Unabhängigkeit in den Kampf zu ziehen. Selbst Männer in reiferem Alter hätten Weib und Kinder verlassen und die Waffen für die gerechte Sache ergriffen. Mein Freund Levan, fuhr er fort, ist auch ein guter Patriot und hat sich bereits der freiwilligen Militärcompagnie in Reading angeschlossen und auch ich habe gedacht, nachdem ich mich mit Pfarrer Mühlenberg und der Maria berathen, daß, wenn Ihr, lieber Vater Leinbach, nichts dagegen habt, ich mit Levan nach Reading gehe, mich der Compagnie anschließe und mit in den Kampf ziehe, denn es wäre ja eine Schande für einen kräftigen jungen Mann, wenn er sich zurückziehen wollte dem Vaterland zu dienen, während er sieht, daß Männer Weib und Kinder verlassen, zu den Waffen greifen, um Tyrannen aus dem Lande zu jagen. Selbst seine Maria hätte ihm zugerufen: Ziehe hinaus! Bleibe treu bis in den Tod dem Vaterland und deiner Liebe!

Als Vater Leinbach die von Theodor mit großer Begeisterung gesprochenen Worte vernommen, stand er auf, Thränen rollten über die Wangen des sonst abgehärteten Mannes, und mit tiefer Rührung sprach er: Theodor, das Vaterland, die gerechte Sache ruft dich, ziehe hinaus in den Kampf, der Herr begleite dich auf allen deinen Wegen und führe dich wieder glücklich zu uns zurück. Nun gehe und ruhe dich aus, denn morgen wird es noch gar Manches für dich zu thun geben.

Da es schon spät war, begaben sich die jungen Männer zur Ruhe, aber kaum begann das Grauen des nächsten Tages, da stand Theodor schon mit Leinbach's beiden Söhnen in Berathung, wie fernerhin die Arbeiten auf der

Farm geleitet werden sollten. Der ältere Sohn meinte, er könne jetzt den Vater nicht verlassen, daß ihn aber, sobald die schwerste Herbstarbeit verrichtet wäre, Niemand zurückhalten dürfe, mitzuhelfen, den Engländern das Fell zu verklopfen. Er werde, fuhr er fort, die Reading Compagnie aufsuchen, und stände sie in vollem Feuer. Gerührt schüttelte Theodor dem jungen Manne die Hand.

Nachdem auch Vater Leinbach zu den jungen Leuten getreten war, beschloß man, da die Herbsternte bereits eingeheimst sei, so viel als möglich die Vorarbeiten für den Winter zu besprechen und zu besorgen, und als noch der junge Levan dazu kam, so ging's rasch an die Arbeit, und schon am Abend waren alle Vorarbeiten in Scheuer, Stall und Remise besorgt, so daß man auch ohne Theodor fertig werden konnte.

Die Nacht war hereingebrochen und ermüdet ging man in die Wohnstube, wo ein gutes Essen für die Arbeiter bereit stand. Nach dem Essen ergriff Leinbach das Wort, lobte die jungen Leute wegen ihrem Vorhaben, gab denselben seinen besten Rath und bestimmte, daß sein Sohn mit nach Reading reiten sollte und Theodors Pferd wieder mit zurückbringen, da er ja doch keinen Gebrauch dafür habe. Hierauf begab man sich zur Ruhe, doch kaum war wieder der nächste Morgen angebrochen, so waren die jungen Männer auch auf den Beinen und machten sich reisefertig. Als sie in die Stube traten, um Abschied zu nehmen, war schon ein vortreffliches Frühstück aufgestellt und Vater Leinbach lud die Anwesenden zum Essen ein. Nach dem Essen übergab Mutter Leinbach Theodor ein Packet mit allem nöthigen Weißzeug, Vater Leinbach drückte ihm eine wohlgefüllte Börse in die Hand und ohne Weiteres seinem treuen Knecht sagen zu können, entfernte er sich, tief ergriffen von ihm scheiden zu müssen, und eilte in ein Nebengemach. Theodor nahm jetzt von den Uebrigen herzlichen Abschied und bald darauf eilten die drei Reiter zur Farm hinaus; Theodor mit schwerem Herzen, denn vielleicht war es das letzte Mal, daß er die Farm und seine Lieben sehen sollte.

Siebentes Kapitel.

Der Marsch nach Washington's Armee. — Freudiges Wiedersehn. — Die Hochzeit.

Der Krieger muß zum heil'gen Kampf hinaus,

Für Freiheit, Recht und Vaterland zu streiten;

Da zieht er noch vor seines Liebchens Haus,

Nicht ohne Abschied will er von ihr scheiden:

O weine nicht die Aeuglein roth,

Als wenn nicht Trost und Hoffnung bliebe,

Bleib' ich doch treu bis in den Tod

Dem Vaterland und meiner Liebe.

Nach einem scharfen Ritt hatten die drei jungen Männer in wenigen Stunden das damalige Dörfchen Reading erreicht, auf dessen Marktplatz (jetzt das Square in der Pennstraße, zwischen der 5ten und 6ten) ein sehr reges Leben herrschte. Man hörte die Trommeln rühren, sah Männer und Burschen mit dem Gewehr auf der Schulter sich daselbst sammeln und zum Abmarsch bereit machen. Capitän Joseph Hister stand auf einem erhöhten Platz und war eben im Begriff eine Anrede an die Freiwilligen zu halten, als er Levan und seine Begleiter die Pennstraße herabkommen sah. Schnell verließ er seinen Platz, eilte auf Levan zu und bat denselben in aller Kürze sogleich zu berichten, wie es mit der Sache der Aufständigen stehe, und wie es mit Washington's Armee aussehe. Als Levan berichtet hatte, daß die Aufständigen zu Hunderten herbeieilten, um in den Kampf zu ziehen, daß Washington zwar jetzt nur eine kleine, aber tapfere Schaar habe, welche in kleinen Scharmützeln den Engländern tiefe Wunden beigebracht, daß viele Deutsche aus dem Hessenlande, welche in die englische Armee gepreßt wurden, bereits zu den Amerikanern übergegangen seien, und daß Washington bei Princetown sein Lager habe, da eilte Hister zu seinem Platze zurück, schwang die neue Fahne und verkündete der Menge die frohe Botschaft, worauf ein donnernder Jubelruf die Luft durchtönte.

Als der erste Jubel vorüber war, stellte Levan seinen Kameraden, Theodor Benz, als einen neuen Rekruten aus Oley vor, welcher mit dreifachen herzhaften Hurrah's empfangen wurde.

Noch an demselben Tage, gerade als die Glocke die Mittagsstunde anzeigte, zogen die freiwilligen Streiter von Berks County aus Reading und erreichten nach einem Marsche von drei und einem halben Tage die Stadt Philadelphia. Unterwegs hatten sich den Freiwilligen noch eine Zahl deutscher Farmerssöhne angeschlossen und so war es ein gar stattlicher Zug, welcher in die Stadt der Bruderliebe einzog und von den Bewohnern mit großem Jubel empfangen wurden.

Als Hister's Leute ihr Quartier eingenommen, eilte Theodor Benz zu dem Capitän und bat ihn um Erlaubniß den Pfarrer Mühlenberg besuchen zu dürfen, da er daselbst für sich Wichtiges zu besorgen habe. Gerne willigte Hister in das Gesuch seines jungen Rekruten, der dann der Wohnung des Pfarrers zueilte, wo er auf die freundlichste Art von allen Gliedern der Familie und seiner Maria empfangen wurde. Man besprach nun die Hauptsache, die Hochzeit, und da Maria mit Allem einverstanden war, so kam man überein, daß die Trauung um sechs Uhr Abends in der St. Michaelis-Kirche in der Fünften, nahe der Cherrystraße, stattfinden und Mutter Kreuderin und sonstige Bekannte und Freunde dazu eingeladen werden sollten. Als die bestimmte Stunde herangenaht, war die kleine Kirche mit Eingeladenen und Neugierigen gefüllt, unter ihnen die gute Mutter Kreuderin, Levan, Theodors Freund, Capitän Hister und Capitän Graul und viele Andere.

Die Anrede des würdigen Predigers an das Brautpaar, sein Gebet zu dem Allmächtigen für ihr Wohl, war so ergreifend, daß man in allen Theilen der Kirche ein Schluchsen vernahm, und selbst dem feurigen Soldaten Hister standen Thränen in den Augen; nur Maria's und Theodor's Augen blieben Thränenleer. Als die Trauungsceremonie vorüber war und der Pfarrer seinen Segen über Alle gesprochen, bemerkte er noch, daß die Wirthin vom goldenen Schwan alle Anwesenden einlade, an dem Hochzeitsmale das sie bereitet, Theil zu nehmen, und daß man von der Kirche dahin in Prozession abgehen werde. Bald war der Zug in Bewegung. Voran schritten Capitän Hister, Capitän Graul und Levan, dann folgten die Neuvermählten, nach ihnen Pfarrer Mühlenberg und sein edles Weib Anna, hinter ihnen kamen Mutter Kreuderin mit des Pfarrers Töchtern, dann folgten die Uebrigen Zwei bei Zwei. — Es war dieser Hochzeitszug ein sehr stattlicher, aber ein sehr ruhiger, welcher mehr einem Leichenzuge als Hochzeitszuge glich. — Bald war das Hotel erreicht und groß das Erstaunen der Kommenden, als sie alle Fenster, die Hauptthüre, die Treppen mit Immergrün und Blumen geschmückt sahen. Auf der rechten Seite der Treppe stand ein hoher, kräftig gebauter Mann, auf der linken Seite eine liebliche Frauengestalt. Diese Leute waren der Farmer Friedrich Leinbach und sein treues Weib Maria, eine geborne Guldin, die von Mutter Kreuderin zur Hochzeit eingeladen waren, aber zu spät ankamen, um der Trauung beiwohnen zu können. Kaum hatten

Theodor und Maria ihre Wohlthäter erkannt, so liefen sie auf dieselben zu, umarmten und küßten sie, und nun erst traten dem jungen Paare schwere Thränen in die Augen. Als man in das Eßzimmer getreten war wurden den Neuvermählten von allen Seiten Glückwünsche dargebracht, hierauf setzte man sich zur Tafel, die mit allen Delikatessen, welche Mutter Kreuderin zusammen bringen konnte, reichlich bedeckt war. Eine heitere Stimmung herrschte in der Gesellschaft, die unter frohem Gespräch fortdauerte, bis zur späten Stunde und die Zeit zum Abschied nehmen herangekommen war. Eben schlug die Mitternachtsstunde, die meisten Gäste hatten sich bereits entfernt, und nur Mühlenberg, seine Frau und Maria, Vater Leinbach, seine Frau und die drei Krieger waren zurückgeblieben, da trat Theodor zu Maria, übergab ihr den Landschenkungsakt, seinen Heimathsschein und Briefe seiner Eltern und sagte: Liebe Maria, bei dir sind diese Dokumente besser aufgehoben als bei mir, du bist jetzt mein Weib, und was mir gehört, gehört auch dir, und kehre ich glücklich wieder zurück, dann meine Liebe wird die Freude gewiß groß sein, und du kannst dann auch stolzer auf deinen Theodor sehen, der ein treuer Kämpfer für Freiheit und Unabhängigkeit war. Er drückte ihr dann einen Kuß auf den Mund, versprach sie noch einmal am nächsten Morgen zu besuchen, dankte den Pfarrersleuten und Leinbach's auf die herzlichste Weise, für den warmen Antheil, den sie an seinem Schicksal genommen, und entfernte sich mit seinen Kameraden nach dem Lager der Soldaten, welches damals im offenen Felde stand, und jetzt das schöne Franklin Square ist, eines der angenehmsten Plätze Philadelphia's.

Es kam aber anders, als der gute Theodor sich gedacht, denn er mußte, ohne noch einmal seine Lieben gesehen zu haben, für immer von ihnen scheiden, denn kaum begann das Grauen des Tages, da wurde auch schon die Trommel im Lager gerührt und der scharfe Befehl gegeben, daß die Rekruten augenblicklich nach dem Delaware-Flusse marschiren sollten, wo bereits ein Schiff auf sie warte, um sie nach der Jersey Seite zu bringen. In aller Eile wurde auch dahin marschirt, das Schiff nahm sogleich die Soldaten auf, und in kurzer Zeit landete man in der Provinz New Jersey, wo mehrere Offiziere von Washingtons Armee die Rekruten empfingen und mit Waffen, Munition und sonst noch Nothwendigem versorgten. Nach einigen Stunden Ruhe begann der Marsch vorwärts nach Trenton, welcher Ort damals schon eine Stadt genannt wurde. Dort erhielt man den Befehl, nach Elisabethtown zu marschiren, daselbst zu bleiben und im Exerciren sich zu üben, bis die Leute fähig wären der regelmäßigen Armee einverleibt zu werden. Daselbst angelangt, wurden die Berks Countyer in zwei Compagnien getheilt, die erste unter Capitän Hister, die zweite unter Capitän Graul, und dann die jungen Soldaten durch die Exercirmeister fort und fort in der Handhabung der Waffen, sowie in den verschiedenen Märschen u. s. w. geübt.

Eines Tages stand Theodor mit noch einem Kameraden auf einer Anhöhe etwas entfernt vom Lagerplatz, wo man die ganze Gegend übersehen konnte, auf Wache, da sahen sie in der Gegend von Trenton her, mehrere Männer rasch gegen das Lager marschiren. Als sie nahe genug an den Wachtposten gelangt waren, so daß man einander verstehen konnte, rief Theodor denselben Halt!! zu und befahl ihnen nicht weiter zu gehen, ehe sie sich erklärt, was sie hier wollten. Soldaten werden, wie du, Theodor, rief eine hellklingende Stimme, und man denke sich die Ueberraschung, als Theodor in dem Rufenden seinen Freund, den jungen Friedrich Leinbach, erkannte. Er eilte auf ihn zu und umschlang ihn mit beiden Armen.

Endlich nahm Leinbach das Wort, deutete auf die vier jungen Männer, die mit ihm gekommen waren und sagte: Dieses sind meine Freunde Samuel Guldin, John de Turk, Samuel Bartolet und Jakob Yoder, alle aus Oley, die sich in Hister's Compagnie aufnehmen lassen wollen, und du, Theodor, mußt uns Capitän Hister vorstellen. Gewiß, erwiederte er, aber jetzt, Friedrich, hast du mir auch sonst noch Mittheilungen zu machen? frug er etwas ängstlich. Ja, antwortete Friedrich: Zuerst Grüße von meinen Eltern und Geschwistern, dann tausende von deiner netten jungen Frau, und viele von Frau Kreuderin und den Pfarrersleuten, und alle hoffen und wünschen dich bald wieder zu sehen und hier schickt dir deine wackere Frau einen Silberring, den sie unter den nachgelassenen Sachen ihres Vaters gefunden, den du ihr zu Liebe stets tragen möchtest.

Die jungen Männer mußten bei Theodor bleiben, bis er abgelöst wurde, dann führte er sie zu Capitän Hister, der seine Berks Countyer Landsleute mit großer Freude empfing, in seine Compagnie einreihte und sie dann dem Exercirmeister freundlichst empfahl.

Theodor, den eine Art Heimweh beschlichen hatte, fühlte sich jetzt ganz glücklich, einen so theuren Freund, wie Leinbach, gefunden zu haben, der mit ihm brüderlich Leid und Freud theilen werde. Er erfuhr auch von Capitän Hister, als er die jungen Leute vorgestellt hatte, daß am folgenden Morgens der Armee-Bote nach Philadelphia sich begeben werde, und wenn er etwas dahin zu berichten hätte, dazu die beste Gelegenheit habe.

Noch spät Abends schrieb Theodor an seine liebe Frau, Friedrich an seine Eltern, worin sie unter Anderm meldeten, wie sie sich gefunden und wie sie nur der Tod trennen könne.

Die Briefe erreichten glücklich ihre Addressen und verbreiteten unter Verwandten und Bekannten der jungen Männer große Freude.

F. S. **Berg Maria.**

Achtes Kapitel.

Traurige Nachrichten.

Ach Gott! was ist des Menschen Glück,

Es währt oft nur ein Augenblick.

Mittlerweile wurden Hister's und Graul's Compagnien Berks County Freiwilliger von Elisabethtown nach Long Island beordert und Washingtons regulärer Armee einverleibt, dann dauerte es auch nicht lange, daß zwischen den Amerikanern und Engländern Scharmützel vorkamen, in welchen einige Berks Countyer verwundet und getödtet wurden, und bald darauf, nachdem sich die Engländer in Eile gesammelt hatten, griffen diese mit Macht die Amerikaner an, tödteten viele, nahmen Capitän Hister, mehrere Officiere und viele Soldaten gefangen, welche in das furchtbar berühmte Gefängnißschiff Jersey eingesperrt wurden. Durch die schlechte Behandlung, welche den Gefangenen zu Theil wurde, erkrankten und starben viele der braven Kämpfer für Freiheit und Recht, und nachdem die überlebenden Gefangenen mehrere Monate in dem furchtbaren Kerker geschmachtet, wurden sie nach New York gebracht, wo es ihnen nicht viel besser erging.

Friedrich Leinbach, der den Klauen des Feindes entkommen war und zu einem andern Regiment eingetheilt wurde, schrieb seinen Eltern bei erster Gelegenheit die Vorgänge auf Long Island, und bemerkte dabei, daß er seit der Ueberrumpelung Theodor aus den Augen verloren und seit dieser Zeit nichts mehr von ihm gehört, wahrscheinlich wäre er mit Capitän Hister gefangen worden. Auch nach Philadelphia war die traurige Nachricht von dem Verlust der Armee gekommen, und als Maria den Bericht von Friedrich Leinbach vernommen, wurde sie von tiefer Wehmuth ergriffen und stärker erhob sich die Ahnung, meinen theuern Theodor werde ich nie wieder sehen. Weder die Trostworte des Pfarrers, noch die seiner braven Gattin, konnten die junge Frau beruhigen; sie verrichtete zwar wie bisher pünktlich ihre Arbeit, doch kam kein Lächeln mehr in ihr jetzt so blasses Gesicht. Ihre sonst so blühende Gesundheit verschwand mit jedem Tage mehr und mehr und nur in der Religion suchte sie ihren Trost.

Mühlenberg gab sich alle erdenkliche Mühe, um etwas über sein Schicksal zu erfahren, er schrieb an Freunde in New York, wandte sich an den Quartiermeister der Armee, doch Alles war vergebens, Niemand konnte ihm Auskunft über den Vermißten geben. Endlich, als Capitän Hister aus der

Gefangenschaft befreit und ausgetauscht war, berichtete er dem Pfarrer auf dessen Anfrage, daß Theodor mit ihm aus dem Gefängnißschiff Jersey nach New York transportirt worden wäre, derselbe sei schwer verwundet gewesen und habe ganz elend ausgesehen. In New York wäre er selbst krank geworden, und kaum sei er etwas genesen, ausgetauscht worden, habe aber von Theodor Benz nichts mehr gehört und gesehen.

Pastor Mühlenberg verschwieg Maria diese Nachricht, denn er wollte die Traurige nicht noch trauriger machen und tröstete sie täglich damit, daß Theodor aller Wahrscheinlichkeit nach noch in der Gefangenschaft sei.

**
*

Es waren Jahre verflossen, die Amerikaner siegten über ihre Unterdrücker, Frieden wurde geschlossen, das Land war frei. Da kehrten die Sieger in ihre Heimath zurück, darunter auch Friedrich Leinbach. Er kam von Yorktown, wo er ehrenvoll von der Armee entlassen worden war und nahm seinen Weg nach Philadelphia, wo er hoffte von dem Pfarrer oder Maria etwas von Theodor zu erfahren, aber leider konnte man ihm nicht das Geringste über den Vermißten mittheilen. Obschon Mühlenberg sich eine Liste der gefangenen und gestorbenen Vaterlands-Vertheidiger zu verschaffen gewußt hatte, so fand er Theodor Benz Namen jedoch nur in der Rollenliste als Sergeant in Capitän Hister's Compagnie verzeichnet. Noch sprach Friedrich mit dem Pfarrer, als Maria eintrat, um ihn zu begrüßen, aber ganz erschüttert und sprachlos stand der junge Krieger, als er Maria's traurige Gestalt auf sich zukommen sah, um ihm Hand und Gruß zu bieten; wo war das blühende, freundliche Gesicht, wo waren die schönen Züge, die kräftige Gestalt des Mädchens. Mit tiefer Rührung bat er Maria, daß sie doch mit ihm, ihrer Gesundheit halber, in die gesunde Gegend seines Vaters Farm ziehen möge, sie würde sich dort gewiß recht bald erholen, und wenn Theodor noch unter den Lebendigen sei, er gewiß nach seines Vaters Hause kommen würde, aber Maria dankte, und bemerkte dabei, daß sie hier auf ihrem Posten bleiben müsse, denn Frau Mühlenberg sei schwer erkrankt und sie müsse der guten Frau treue Pflegerin bleiben.

Neuntes Kapitel.

Die Einsiedlerin.

Wer nur den lieben Gott läßt walten,

Und hoffet auf ihn alle Zeit,

Den wird er wunderlich erhalten

In aller Noth und Traurigkeit.

Nicht lange hatte Maria die brave Frau Mühlenberg zu pflegen, denn nur einige Tage nach Leinbach's Abreise von Philadelphia, zerstörte die kalte Hand des Todes ein Leben, das seinen Mitmenschen so nützlich gewesen war. Der Pfarrer, welcher in seinen Lebenstagen viel Bitteres erfahren, und durch das Alter sehr geschwächt war, wurde jetzt durch den Tod seiner treuen Lebensgefährtin so sehr erschüttert, daß er beschloß, seinen eigenen Haushalt aufzugeben und zu seiner Tochter zu ziehen. — Auch die Mutter Kreuderin war bald nach der Pfarrerin gestorben und die irdischen Reste der im Leben so Wohlthätigen, der kühlen Erde übergeben, auf deren Grab viele schwere Thränen Maria's fielen. Nun entschloß sich Maria nach Leinbach's Farm zu ziehen, und ging mit dem Segen Mühlenberg's bald dahin ab.

Der Empfang auf der Farm war ein überaus herzlicher, von der Mutter und den Töchtern geliebkost und ihr die Versicherung gegeben, daß sie nicht anders als ein Familienglied betrachtet werden würde. Besonders sprach ihr der alte Leinbach Trost zu, und bat sie, die Hoffnung noch nicht aufzugeben, mit ihrem Gatten vereint zu werden. Aber Maria deutete mit dem Finger zum Himmel und sprach mit zitternder Stimme: Ja dort, dort über den Sternen.

Eines Tages, da ihr Vater Leinbach wieder Trost zugesprochen, sagte sie: Vater Leinbach, wenn ihr mich lieb habt und erfreuen wollt, so laßt mir auf dem Lande meines armen Theodors eine Hütte bauen, habt dann keine Sorge für mich, denn mein Vorhaben dort ist etwas Gutes auszuführen, wird mich in Thätigkeit bringen und gar manchen Kummer von mir scheuchen.

Nach diesen mit Festigkeit gesprochenen Worten, erlaubte sich der gute Mann keine Einwendungen mehr, und sprach nur, indem er dem Mädchen die Hand reichte: Dein Wille soll geschehen.

Schon in aller Frühe am nächsten Morgen ging Leinbach mit einigen Arbeitern nach dem Lande in Pike Township, welches er seinem braven

Knechte geschenkt und ließ, nach Maria's Wunsch, nahe Mott's Mühle in der Nähe einer Quelle, ein kleines Hüttchen bauen.

Es war im Beginn des Monats März, als Maria mit den Segenswünschen der Familie Leinbach in ihr Hüttchen einzog, worin sie vor Sturm und Kälte geschützt war; ein mächtiger Kastanienbaum umschattete dasselbe. Nachdem Maria im Innern Alles geordnet, vor die Thür trat und die schöne Gebirgsgegend betrachtete, wo hier und da schon aus den Wäldern grünes Laub emporsproß und auf den Farmen die Bäume zu blühen anfingen, da erfüllte sich ihr Herz mit Liebe und Dank gegen den Schöpfer, der diese schöne Welt gebaut, sie nahm sich's vor, nicht mehr so viel mit ihrem Schicksal zu hadern und eifrig das Vorhaben, den Menschen nützlich zu sein, durchzuführen.

Bald sahen die Bauern der Nachbarschaft die stille, bleiche, schwarz gekleidete Frau die Wälder durchstreifen und nach heilenden Kräutern suchen, deren Aussehen und Heilkraft sie in einem Buche beschrieben fand, welches ihr Pastor Mühlenberg mit der Bemerkung zum Geschenk gemacht hatte, daß im Lande ein Jeder sein eigener Doktor sein müsse.

Nachdem Maria sich während der Frühlingszeit reichlich allerlei Kräuter gesammelt, erkundigte sie sich bei ihren Wanderungen bei den Bauersleuten, ob sie keine Kranke wüßten, denen sie ihre Hülfe unentgeldlich anbieten könne, denn es sei ein Trost für sie, den Leidenden Hülfe zu bringen.

Bald wurde das Anerbieten der Maria in der ganzen Umgegend bekannt und fanden sich auch sofort Hülfesuchende in ihrem Hüttchen ein, denen sie mit Rath und That, großem Eifer und Gewissenhaftigkeit stets zu helfen suchte. Die Kräuter und gute Pflege, die sie den Kranken widmete, hatten meistens die beste Wirkung und wo diese nicht mehr helfen konnten, saß sie außerdem gar manche Nacht an dem Bette der Kranken und Sterbenden Trost zusprechend. Von allen Seiten her kamen ihr die herzlichsten Grüße zu, überall wo sie hinkam, war sie zu Hause. Viele verehrten sie wie eine Heilige. Unter dem Namen:

Die Berg-Maria,

war sie weit und breit bekannt geworden, und manche Kranke kamen aus der Ferne, um Trost und Hülfe bei ihr zu suchen.

Trotzdem dieses Schaffen und Walten ihren Kummer bedeutend gestillt, so kam doch immer wieder neue Trauer und Wehmuth über die Arme, denn der Tod hatte ihre besten Freunde, Pfarrer Mühlenberg, Friedrich Leinbach und dessen braves Weib, schnell nach einander hingerafft und ruhten im Schooße der kühlen Erde. — Von Theodor hatte sie nie wieder etwas gehört.

So lebte Maria in ihrem Hüttchen bei Mott's Mühle, Pike Township, Berks County, dreißig Jahre lang, bis sie im Jahre 1819 in hohem Alter das Ewige mit dem Zeitlichen segnete und von ihrem Jammer, Kummer und Sorgen befreit wurde. Die Nachricht von ihrem Hinscheiden versetzte die ganze Nachbarschaft in tiefe Trauer, und aus weiter Ferne kamen Männer und Frauen, um noch einmal das Antlitz derjenigen zu sehen, die der Menschheit so viel Gutes gethan. Das Leichenbegängniß war das größte, welches jemals in Pike Township stattgefunden. Kein Haus war in Oley und den angrenzenden Townships, das nicht seine Repräsentanten zu demselben gesandt, und weit her kamen Trauernde zu Wagen und zu Pferde, um der Maria die letzte Ehre zu erweisen.

Der Sarg war mit den schönsten Kränzen und Blumen geschmückt. Als Pfarrer Conrad Miller die Leichenrede hielt, blieb kein Auge thränenleer.

Die Grabstätte ist noch immer gut erhalten und wird heute noch, wie ein Bewohner von Pike Township dem Erzähler dieser Geschichte neulich versicherte, von vielen Verehrern der Verstorbenen besucht.

Ein Herr aus Oley Township, welcher die Schicksale der armen Maria kannte, schrieb bei ihrem Tode die folgende Grabschrift:[3]

Hier unter diesem Steine
Sanft ruhen die Gebeine
Der frommen Maria.
Ihr Herz und ganzes Leben
War ihrem Gott ergeben,
Das man an ihrem Wandel sah.

Sie hat ganz unverdrossen,
Bis dreißig Jahr verflossen,
In Einsamkeit gewohnt.
Ihr Angesichtes Züge
Verriethen Gottes Lieb',
Damit der Herr sie hat belohnt.

Nachdem sie schon verschieden,
Sah man den süßen Frieden
In ihrem Angesicht.

Es war voll Lieb' und Wonn'

Als zur Gnaden-Sonn'

Noch immer hingericht.

Nun ist sie weggenommen,

Gott hieß sie zu sich kommen,

Aus diesem Jammerthal,

Wo auf den Himmels-Auen

Sie Jesum wird erschauen,

Mit seiner auserwählten Zahl.

[3] Siehe Daniel Rupps Geschichte von Berks und Lebanon. Jahrgang 1844.